田宮寛之

業界地図の見方が変わる！

無名でもすごい超優良企業

講談社＋α《プラスアルファ》新書

はじめに

経済記者として30年間活動してきたが、日本にはすごい会社が多いとつくづく思う。国内には約382万社の企業があるが、その中には「地球と宇宙ステーションをエレベーターでつなぐ企業」や「山奥で海水魚を養殖する企業」など、高度な技術を持ったすごい企業が少なくない。

私が名古屋支社時代に取材していたトヨタ自動車は巨大で、業績も技術も素晴らしかった。バブル崩壊後の不況下でもぐんぐん成長する、文字どおりすごい企業だった。

トヨタのような超大手有名企業がある一方、無名でも業績や技術が優れている企業が多数存在する。テレビCMを流していないので、一般にはあまり知られていないが、実は大企業というケースもある。規模は小さくても、特定分野では圧倒的に強いという企業も少なくない。

日本には素晴らしい企業がたくさんあるのに、その存在に気づかない人が実に多い。こうした企業が日本経済、時には世界経済を支えていることを訴えるために、2016年5月

『みんなが知らない超優良企業』（講談社＋α新書）を出版した。

しかし、1冊の本に日本の優良企業すべてを書き切れるわけがない。書店に並ぶ自分の著書を見ながら、「日本のすごい企業を多くの人に知ってもらうためには1冊では足りない」と思った。

ビジネスマンは新規の営業先や提携相手を探しているに違いないし、転職先を見つけようとしているかもしれない。学生は就職に適した会社を知りたいし、株式投資家は投資先を日夜探し求めている。そこで、日本のすごい企業について2冊目となる本を書くことにした。

前著と同様、「夢の新素材ビジネス」「最後のフロンティアビジネス」といった新しい業界区分を私が設定し、その業界の概況と将来について書いた。もちろん、各業界に属する個別企業を多数（約240社）紹介している。

ほとんどの人は「証券業界とは」「電機業界とは」などと既存の業界ごとに業界研究を行う。書店の就活コーナーに並んでいる業界研究本は業界ごとにきっちり分けられている。

しかし、経済は生き物なので、既存の業界区分に当てはまらないビジネスや企業が続々と生まれている。また、企業の業務が多角化しているので、一社が一つの業界だけに属するわけではない。従来の基準で企業を分類するのは不可能なのだ。

そもそも、時代遅れの企業分類では読者として興味が湧かないのではないか。それよりも世の中の最新の動きをもとにテーマを設定し、そのテーマごとに企業を分類した業界研究本のほうがおもしろいのではないか。

例えば私が注目するのは、セルロースナノファイバー（CNF）関連ビジネスだ。19世紀は「鉄の時代」、20世紀は「プラスチックの時代」、そして21世紀は「木の時代」といわれていることをご存じだろうか。これから「木の時代」などというと笑う人がいるかもしれない。しかし、木材から作られるCNFという素材は鉄の5分の1の重さで強度は5倍。いずれは自動車や航空機のボディに使用されるだろう。透明性も高いので、CNFが従来のガラスに取って代わるかもしれない。

また、木材からはリグニンという物質を取り出すことができる。これまでリグニンの有効活用が模索されてきたが、実際は製紙メーカーが燃料として使用する程度だった。ところが、最近になってリグニンから炭素繊維を製造できるようになった。リグニン炭素繊維は物質の吸着性に優れているので、空気や水を浄化するためのフィルターの材料として最適だ。CNFやリグニンの研究では日本が最も進んでいるので、これから日本が世界をリードしていく。「木」が世界を変えるかもしれない。

本書は基本的に知名度の低い企業を取り上げている。しかし、皆さんが読み進めていくと、有名企業も少し載っていることに気づくはずだ。本のタイトルと合っていないと思う読者もいるだろう。実は有名企業が世間に認知されていない事業に取り組んでいる場合は、その企業と事業について取り上げた。例えば、パナソニックや富士通、大和ハウス工業などが植物工場で野菜栽培を行っている。こうした企業の野菜栽培事業を知っている人は少ないが、日本社会に大きな影響を与える可能性があるので取材することにした。もちろん多くの無名企業も植物工場ビジネスに関与しているので、その事業展開について本書の中でじっくりと解説しているのはいうまでもない。

私は取材でいろいろな人に会うが、メーカーの人に話を聞くのが大好きだ。メーカーの人たちは日々の地道な研究から新たな技術を開発し、その技術をもとに新製品を作り出す。新製品第1号はやや使い勝手が悪くても、改良を重ねることでいつの間にか、コンパクトで使いやすい製品に進化させてしまう。開発だけでなく、生産技術も高い。いくら優れた製品であっても、低コストで安定的に生産できなければビジネスにならない。日本のメーカーは低コストで安定的に、しかも安全に生産することが得意だ。

メーカーの人たちは話を盛らないし、虚勢を張ることもない。データや事実をもとに合理的に技術や製品について説明してくれる。その表情には自信があるが、振る舞いはとても謙虚だ。私は取材のたびにメーカーの人たちに尊敬の念を抱き、そして清々《すがすが》しい気持ちになる。

本書にはこうした日本の優良メーカーが多数掲載されている。その多くはBtoB企業（注）なので読者の皆さんは社名を聞いたことがないかもしれないが、成長力のある有望企業ばかりだ。また、前著よりも非上場企業を積極的に取り上げた。株式投資家はガッカリするかもしれないが、ちょっと待っていただきたい。本書で取り上げた非上場企業が将来上場することになれば、株式市場で大人気となるだろう。将来の有望銘柄探しと思って読んでいただきたい。

本書は就職（転職）にも役に立つ。1990年代の金融機関や最近のJAL、東芝を見ればわかるように、大手有名企業に入社しても安心はできない。私が本書で取り上げるのは大手有名企業ではないが、もし入社すれば企業の成長とともに自分自身も成長していくことができるだろう。本書が読者の皆さんのビジネス、投資、就職（転職）のお役に立てば、これ以上の喜びはない。

各章の末尾には、注目の企業をあらためて表組みにしたので、参考にしていただきたい。本文中の各企業の数字は、特に但し書きのない場合、2016年3月期決算のもの。また、掲載企業で但し書きのない場合は上場企業だ。

（注）一般消費者ではなく、企業に対してモノやサービスを販売する企業のこと。

◉目次

第二章　天変地異と闘う防災企業

第三章　最後のフロンティアで活躍する企業

第四章　世界を食糧危機から救う企業

第五章 「日本」を輸出する企業

第六章　ＱＯＬ向上に貢献する企業

第一章　日本発、夢の新素材を生み出す企業

（1）木材は最新のハイテク素材だ

セルロースナノファイバーに注目

これから注目される夢の新素材といえばセルロースナノファイバー（ＣＮＦ）だろう。重さは鉄の５分の１だが、強度は鉄の５倍。ＣＮＦの材料は樹木。日本は国土面積の７割が森林という森林大国なので、材料はいくらでもある。現在はまだ製造コストが高いが、将来的には炭素繊維の６分の１程度まで下がるとの試算がある。一時期、炭素繊維が夢の素材といわれ、現在では実用化されているが、次の夢の素材はＣＮＦといっても過言ではない。

木材を細断しチップ（小木片）にする。そのチップに化学的または機械的処理を施して木材繊維を取り出す。この木材繊維をパルプという。パルプを解きほぐし、ナノレベルまで微細化したものがＣＮＦだ。

ＣＮＦの６つの特徴とは

それではＣＮＦの特徴を挙げて用途を説明しよう。

第１は軽くて強いこと。そこで、樹脂やゴムに混ぜれば自動車や航空機のボディや部品を作ることができる。そのほか、スマホや家電などこれまで樹脂で作られてきた製品にも使用できる。

第2に表面積が大きいこと。CNFはとても細い繊維なので、同じ重さで比べると表面積が大きいという性質がある。そこで、CNFで作ったフィルターは小さなチリでも簡単に捕集できる。また、表面積が大きいことで消臭剤や抗菌剤を付着させやすいので、消臭シートに使用すると効果が高い。

第3にガスバリア性が高い。ガスバリア性が高いということは空気を通しにくいということだ。CNFで作ったフィルムで食材を包めば鮮度保持期間を長くできる。

第4は透明であること。スマホの画面に貼る透明シートはもちろん、ガラスの替わりに住宅や自動車の窓に使用することも可能だ。

第5はチキソ性が高いこと。ほとんどの人がチキソ性という言葉を聞いたことがないだろう。「止まっている時は固まっているが、力が加わるとトロトロに溶け出す、そして放っておくとまた固まる」という性質をチキソ性という。

例えば、チキソ性の高いペンキならば、力を加えてかき混ぜるとトロトロになる。そして、塗った時に液だれしないということになる。CNFのチキソ性の高さは化粧品にも活かされるだろう。例えば、日焼け止めには液だれ防止のために、粘り気を出す増粘剤が使用されている。日焼け止めを塗るとベタベタして不快な感じがするのは増粘剤が原因だ。しかし、日焼け止めにCNFを混ぜれば塗った後にすぐ乾きベタつき感を感じないで済む。しかも日焼け止めの成分は肌の上にしっかりと定着する。

第6は水分を抱き込む性質があること。冷凍前に食べ物に混ぜておくと解凍しても水分や旨味成分が外へ流れ出ない。魚や肉は解凍する時に味が落ちてしまうが、CNFがあれば味落ちを防ぐことができる。また、アイスクリームに混ぜておくと溶け出す時間が遅くなる。CNFは植物由来なので人体への悪影響はないようだが、体に入るものなので普及させるためには慎重な試験が必要だ。

まずはオムツで実用化

木材やパルプを取り扱う技術を持つ製紙メーカーがCNFの分野をリードしている。製紙メーカー国内2位の**日本製紙**は、2015年10月にCNFを使った大人用紙オムツを業界で初めて市場に送り出した。

CNFは表面積が大きいので、表面に金属イオンや金属ナノ粒子を高密度に付着させることが容易だ。そこで、同社は抗菌・消臭効果のある金属イオンをCNFに付けたままシート化することに成功。大人用紙オムツの新ブランド「肌ケア　アクティ」シリーズにこのCN

F消臭シートを採用することにした。消臭効果は従来のオムツの3倍だ。

同社は2007年から本格的にCNF製造技術の開発に取り組み、2013年10月には山口県に実証生産設備を設置した。2017年4月には宮城県で量産開始（年間生産能力500t）、同年9月には島根県でも量産を始める予定（年間生産能力30t）。

そのほか、同年6月には富士工場内にCNF強化樹脂の実証生産設備を設置し、ポリプロピレンやポリエチレン、ナイロンなどの樹脂とCNFを混ぜた素材を生産する。ポリプロピレンやポリエチレン、ナイロンといった石油系樹脂と、水との親和性の高いCNFを混ぜるには特別な技術が必要だ。同社はCNF強化樹脂の生産技術を磨きつつ、関東・中部地区で自動車メーカーへの売り込みを狙う。同社は東京大学や京都大学などとも提携しつつ開発を進めている。

中越パルプ工業もCNFの開発に熱心な企業だ。九州大学と提携関係にあり、日本製紙とは異なる方法でパルプからCNFを取り出している。同社は2013年からCNFのサンプル販売を開始、顧客ニーズの把握に努めてきた。2017年には鹿児島県の川内工場内に年間生産能力100tのCNF製造工場を建設する。投資総額は12億円。

2016年に同社のCNFが、音響メーカーの**オンキヨー**が販売するスピーカーの振動板に採用された。CNFを使用すると、従来製品よりも軽くて硬い振動板を作ることができる。そのおかげで原音を忠実に再現できるようになったという。また、最近のハイレゾ化にも対応しやすい。

スピーカー全体の仕様を決めて、組み立てているのはオンキヨーだが、振動板そのものを実際に製造しているのは静岡県に本社のある**プラス産業**（非上場）だ。1975年に振動板メーカーとして設立、大手音響メーカーや自動車メーカーへの部品供給を行ってきた。振動板製造で培ってきた技術を活かして、今後は医療分野への進出を検討している。

CNFの透明度はガラス並み

国内製紙業界トップの**王子ホールディングス**は、すでにCNFのジェルや粉末をサンプルとしていろいろなメーカーに提供している。自動車、航空機、電機メーカーなど200社程度と秘密保持契約を結びつつ、新製品の共同開発について検討している。

CNF100%の透明シートの開発にも取り組んでおり、ガラス並みの透明度を実現。透明シートでは他社より先行している。

2017年からは増粘剤用のCNFの販売を開始する。CNFのチキソ性を活かした商品だが、キサンタンガムやグァーガムといった天然増粘剤よりも粘度が10～100倍と非常に高いため、少量でも十分な効果を得られる。同社は京都大学と共同研究を進めている。

業界4位の**大王製紙**は2016年に愛媛県の三島工場内に年間生産能力100tの実験生産設備を建設した。2017年にはドライパウダー状のCNFを生産するのに必要な乾燥設備を設置し、2020年には本格販売に備えた工場を建設する予定だ。

CNFの「チキソ性」を活用

製紙メーカーのみがCNFを生産しているのではない。京都に本社のある**第一工業製薬**は工業用薬剤のトップメーカー。界面活性剤、ウレタン、樹脂用添加剤などを製造しており、技術力の高さには定評のある企業だ。

同社のCNFは**三菱鉛筆**のボールペン「ユニボール　シグノ　UMN-307」のインクに使用されている。三菱鉛筆はCNFのチキソ性を評価して採用を決めた。

通常、ボールペンのインクには液漏れを防ぐために増粘剤が加えられている。インクに粘り気があれば簡単には液漏れしない。しかし、増粘剤とインクがうまく混ざり合わないと、文字がかすれたり、インクが固まって出てきたりする。

そこで、増粘剤としてCNFを使用すると、ペン先に加わる力によってCNFがサラサラになり、インクと混じり合ってきれいに字を書くことができる。速書きをしてもかすれたり、インク溜まりが生じたりしにくい。CNFがボールペンに使用されるのは世界で初めてのことだ。

このボールペンは２０１６年に開催された「伊勢志摩サミット」では応援アイテムに採用されて、各国の代表団の人々に使用された。現在は日本国内だけでなく、北米でも販売されている。

スプレー式の化粧品にも第一工業製薬のＣＮＦが使用されている。これもチキソ性が評価されてのことだ。乳液のようなドロッとした液体はスプレーで霧状にして飛ばすことが難しい。

しかし、乳液にＣＮＦを混ぜると、スプレーをプッシュした時に乳液全体に力が加わって乳液がサラサラの液体となり、霧状になって広い範囲に飛んでいく。水をスプレーするのとまったく同じ状況だ。

いったん顔や手に付くと、すぐに乾いて定着するので、液だれすることはない。チキソ性の高いＣＮＦを、乳液に限らずあらゆる化粧品に混ぜて使用すれば、簡単にムラなく塗ることが可能になる。

メーカーがＣＮＦ生産に方向転換

岡山県に本社のある**モリマシナリー**（非上場）は国内外のメーカー向けにオーダーメイド

で機械装置を作っている。経済産業省の「元気なモノ作り中小企業300社」に選ばれるなど技術力の高い企業だ。

以前はCNFの製造装置の開発に取り組んでいたが、最近は方向転換しCNFそのものを製造販売している。自社装置でパルプやチップからペースト状のCNFを生産するほか、2016年にはCNFの粉末の開発にも成功した。同社のCNFはすべて岡山県産のヒノキから作られている。今のところCNF製造に使用している製造装置を販売する予定はない。

富山県に本社を置く**スギノマシン**（非上場）は1936年創業の工作機械メーカー。ウォータージェットカッタで有名であり、全国シェアが高い。同社もCNFの製造装置の開発に取り組んできたが、方向転換してCNFそのものの製造販売を強化する方針だ。

一口にCNFといっても、パルプ段階での繊維の長さによって特性が変化する。そこで、複数の種類のCNFをセットにした「お試し販売」を行って、自社製品のPRに努めている。製造用の機械は自社製だが機械の販売はしない。しかし、顧客が材料を持ち込んできた場合に、CNFの受託加工は請け負っている。同社はパルプから水圧でCNFを取り出し、薬品は使用していない。

江戸時代に大砲を造っていた会社

ＣＮＦを製造するにはいくつかの方法があるが、物理的な力でパルプを微細化する方法と、化学的な力で微細化する方法の２つに分けられる。ここでは物理的な手法を用いる時に使用される機械について取り上げる。

埼玉県に本社のある**増幸産業**（非上場）は、ＣＮＦ製造装置「スーパーマスコロイダー」を製造している。基本原理は簡単で、高速回転するドーナッツ型の２枚の石臼（グラインダー）がパルプを挟み、手でもみほぐすようにすりつぶしながらＣＮＦを作り出す。石臼でものをすりつぶすのは数千年前からある技術だが、石臼の種類、耐久性、石臼間の距離、石臼の回転速度などスーパーマスコロイダーには同社のノウハウと技術がぎっしりと詰まっている。これまで海外40ヵ国に輸出した実績がある。

同社は１８０４年に鋳物業で創業した。技術力が買われて１８４４年に加納藩（＝一宮藩・千葉県）より大砲の注文を受けてから大砲製造を本格化。１８５２年には津軽藩（青森県）からの依頼で、当時不可能とされていた大型砲（砲身３・５ｍ、重さ２・５ｔ、口径15㎝）の鋳造に成功した。その後、同社の技術力の高さが全国に広まり、20を超える藩から大砲や砲弾の注文が殺到。１８５８年までの６年間で大砲２１３門、砲弾４万１３２３発を製造した実績がある。

樹脂とCNFを混ぜると、軽量で非常に頑丈な素材ができあがる。しかし、先述の通り、ポリプロピレンやポリエチレン、ナイロンといった樹脂は石油由来なので、水との親和性の高いCNFと混ぜるのは簡単ではない。樹脂とCNFを混ぜるにはいろいろな技術や機械設備が必要だ。

日本製鋼所は発電用のインフラ設備や鋳鍛鋼などを製造するメーカーだが、世界で唯一の総合樹脂機械メーカーでもある。同社は樹脂とCNFの複合化を実現するコンパウンディング用押出機の販売を強化していく方針だ。

CNFの今後の課題は製造コストの削減だ。主要原料の木材は大量にあるが、製造コストが他の素材よりもかなり高い。各素材の1kg当たりの製造コストは、鋼鉄50～200円、アルミニウム合金400円、炭素繊維3000円、CNF5000～1万円となっている。

ただ、CNFはさまざまな用途への利用が考えられ、人々の生活を大きく変える可能性を持っている。ビジネス界での注目は高まりつつあり、経済産業省の試算によると2030年の市場規模は1兆円を超える。そして、その頃には1kg当たりの製造コストが500円程度になっていると予想されている。

木材ではリグニンにも注目

樹木は主にセルロース、リグニン、ヘミセルロースの3つの成分からできている。セルロースとは繊維分であり、繊維分をナノレベルまで微細化したものがCNFだ。国立研究開発法人**森林総合研究所**によれば、人体に例えるとセルロースは骨、リグニンは筋肉、ヘミセルロースは脂肪といった役割を果たしている。

これまでリグニンの有効活用が模索されてきたが、実際は製紙メーカーが燃料として使用する程度で戦略的な活用はなされてこなかった。

実はリグニンは植物種、生息環境によって性質のばらつきが大きい。一本の木であっても部位によってリグニンの品質が異なるので、工業用に使用するのが困難だった。しかし、日本固有種のスギだけは性質のばらつきが非常に小さいことが判明し、常に同一性能を求められる工業用材料としての期待が高まっている。

現在、森林総合研究所が中心になって産学官連携の「地域リグニン資源システム共同研究機関」(SIPリグニン)が結成されてさまざまな実験が行われている。

期待されているのはリグニンから作る炭素繊維だ。東レなどが製造し航空機のボディに使用されている炭素繊維と比べるとだいぶ柔らかい。リグニン炭素繊維は繊維の表面にあいた小さな穴が物質を吸着するので、空気や水の浄化フィルターとしての使用が期待される。SIPリグニンの中では**ユニチカ**が熱心で、森林総合研究所と共同でリグニン炭素繊維の製造法の特許を取得した。

活性炭によって水や空気を浄化できるが、活性炭は重くてかさばるので扱いが面倒だ。リグニン炭素繊維ならば格段に扱いやすい。今後は浄化の場面でリグニン炭素繊維が使用されることが増えるだろう。

ガスケットとは、液体や気体の漏れ防止のため、配管の継ぎ目やバルブ部分などに使用されるシールのこと。配管やバルブに貼るのではなく、バルブの継ぎ目に挟みこむようにして使われることが多い。昔はアスベストで作られていたが、近年はアスベスト製品との入れ替えが進んでいる。大阪に本社のある**ジャパンマテックス**（非上場）はリグニンを使用したガスケットの製造に力を入れている。

建物を建設する時にコンクリートがスムーズに流れなければ工事がはかどらない。しかし、水を大量に加えるとコンクリートの流動性は向上するが強度が落ちてしまう。強度を落とさずに流動性を確保するためにコンクリートに混ぜる物質を混和剤という。リグニンから作った混和剤は天然系でありながら、従来の合成品よりもコンクリートをなめらかに流すことができる。森林総合研究所や**日本触媒**がリグニン由来のコンクリート混和剤の研究を進めている。

石油由来のプラスチックと同様に、リグニンを溶かしてさまざまな形のものを成型することも可能だ。**宮城化成**は繊維強化プラスチック（ＦＲＰ）製品の開発、設計、試作、量販までを手掛けているほか、ＦＲＰを使った防水工事を請け負っている。

同社はＳＩＰリグニンに参加し、ガラス繊維強化プラスチック（ＧＦＲＰ）とリグニンを複合させた素材で自動車部品の試作品を製造している。

ウロコを捨ててはもったいない

樹木からはＣＮＦやリグニンのような、これまで考えもしなかった物質を取り出すことができる。自然界にある物質は限りない可能性を秘めているのだ。そこでこのパートの最後では、自然界にある物質として魚のウロコについて取り上げる。

多木化学は魚のウロコからコラーゲンを取り出す技術を持つ。同社は熱帯の食用魚ティラピアのウロコからコラーゲンを抽出し、化粧品や医療分野への活用について研究している。

ティラピアとは白身の魚であり、フィッシュフライ用として人気があるが、食用として利用されることのないウロコにも大きな価値があるのだ。このウロコ由来コラーゲンの一番の特徴は安全性が高いこと。これまで魚類には人に感染するウィルスが確認されていない。この点が牛や豚由来コラーゲンとの大きな違いだ。

また、同社は魚のウロコ由来コラーゲンで高強度のコラーゲンファイバーを作ることにも成功した。一言でいえばコラーゲンの糸だ。コラーゲンファイバーの分子構造が人間の体内に存在するコラーゲンと同じであるため、欠損した靭帯や腱の再生材料となる可能性が高い。ゴミとして廃棄されていたウロコがサプリメントや化粧品の材料として活用されるだけでなく、再生医療においても重要な役割を果たすことになる。

コラーゲン溶液からファイバーを製造するには溶液の高濃度化が必要だが、この高濃度化がとても難しい。同社は**兵庫県立工業技術センター**と高濃度化技術を共同開発し、シルクと同程度の強度のコラーゲンファイバーを作ることに成功した。

同社は1885年創業の肥料メーカー。日本で化学肥料を最初に製造したのは同社だ。肥料以外のもう一つの主力事業が化学品で、水処理薬剤や環境関連資材などを製造している。

(2) SFのような素材があった!

カーボンナノチューブで宇宙へ

地上と宇宙ステーションをつなぐのが「宇宙エレベーター」(第三章で詳述)だ。地上からは天へと伸びる塔のように見えるだろう。宇宙エレベーターなんてSFの世界の話だと思うだろうが、技術的には不可能なことではない。

極端なことをいえば課題は1つ。これまで地上と宇宙をつなぐケーブルを作るための素材が地球に存在しなかった。宇宙エレベーターの長さは数万㎞にも及ぶため、どんなに頑丈なロープでも自らの重量に負けて切れてしまう。

しかし、NECの飯島澄男博士が1991年に「カーボンナノチューブ」(CNT)を発見したことで、宇宙エレベーター建設が現実味を帯びてきた。CNTとは直径が0・4〜50ナノメートルの筒状炭素繊維だ。

国立研究開発法人**産業技術総合研究所**によると、CNTは、①軽い(アルミニウムの半分)、②強い(鋼鉄の20倍)、③電気をよく伝える(銅の1000倍)、④熱をよく伝える(銅の10倍)という特性がある。切れにくく、仮に切れたとしても復元しやすい。

いくつもの優れた特性があるため、シリコン代替半導体回路、自動車ボディ補強材料、スーパーキャパシタ電極、透明導電膜などさまざまな用途が期待されている。軽量で電気をよく伝える性質を考えると、日本のすべての送電用電線が銅線からCNTに切り替わってもおかしくない。世界で初めてCNTの量産化に成功したのが**日本ゼオン**。同社は2015年に産業技術総合研究所が開発したスーパーグロース(SG)法を用いたCNT量産工場を稼働させた。

ＳＧ法は従来の方式よりも高品質なＣＮＴを高速・大量に合成できる。量産化で単価が下がれば、普及が進む。

さらに同社は２０１７年に産業技術総合研究所、**サンアロー**（非上場）と共同で、「日本ゼオン・サンアロー・産総研 ＣＮＴ複合材料研究拠点」を設立した。日本ゼオンとサンアローが産総研のつくばセンターに技術者を送り共同で開発を進める。

サンアローとは東京都中央区に本社のあるキーシートの世界的メーカーだ。１９５９年に工業用ゴム製品の加工メーカーとして創業。１９７０年には世界で初めて導電性シリコーンゴムの加工技術の開発に着手した。導電性シリコーンゴムは時代の変遷とともに、電卓、リモコン、電子楽器、コードレス電話など、幅広い分野で用いられてきた。

そのほか、スポーツ用品の**ミズノ**はＣＮＴを活用することで、炭素繊維強化プラスチック（ＣＦＲＰ）材料の衝撃強度を13％向上させることに成功した。これまで、ＣＮＴとＣＦＲＰの複合化は困難であるとされてきたが、ＣＮＴの品質向上によって可能になった。

今後はこの複合技術をゴルフクラブに活用して製品化する。そしてゴルフクラブの次にはラケットやバットなどへの展開を図る。

最強素材を生み出したベンチャー

世界で最も強靭な繊維とは何か。それはクモの糸なのだそうだ。もしクモの糸の太さが直径1㎝だったとしたら離陸するジェット機を止められるほどの強さがある。これまでアメリカ航空宇宙局（NASA）など海外の研究機関が人工的にクモ糸を作ろうとしたが、ことごとく失敗に終わった。

そして唯一、人工クモ糸の生産に成功したのが慶應義塾大学発のベンチャー企業**スパイバー**（非上場）だ。関山和秀社長は1983年1月生まれ。同社を設立した2007年には24歳という若さだった。スパイダー（クモ）の「スパイ」と、ファイバー（繊維）の「バー」を合わせて社名にした。

人工クモ糸は鋼鉄の4倍の強度がある一方で、ナイロンを上回る伸縮性がある。それだけ強くて伸縮性が高いという特質があるため、自動車や航空機などのボディや部品、手術用糸、人工血管、衣料品などさまざまな分野での活用が期待されている。

また、化学繊維のように石油由来ではないことも重要なポイントだ。石油はいつ枯渇するかわからない。枯渇してしまえばポリエステル、ナイロン、アクリルなどの繊維は製造不能に陥ってしまう。

スパイバーはクモの遺伝子を抽出し、それを微生物に組み込んで培養することでタンパク質を生成することに成功。そのタンパク質を加工することで人工クモ糸を作っている。この方式ならば資源枯渇で製造不能になることはない。

この技術を応用すれば同じくタンパク質である高級素材カシミアを人工的に作り出すことも可能だ。人工クモ糸の製品名は「ＱＭＯＮＯＳ」（クモの巣）。

２０１４年には新たな素材を探していた**小島プレス工業**（非上場）と合弁会社**エクスパイバー**を設立。山形県鶴岡市の先端研究産業支援センター内に試作工場を建設し共同研究を進めている。

小島プレス工業は愛知県に本社を置く自動車部品会社。トヨタ自動車との間に資本関係はないが、売り上げのほとんどがトヨタ自動車またはトヨタ系企業。同社はトヨタ自動車に部品を納入する企業の集まり「協豊会」の重鎮的存在だ。

スパイバーは２０１５年にスポーツウェアメーカーの**ゴールドウィン**から30億円の出資を受けるとともに事業提携し、人工クモ糸を使用したアウトドア用ジャケットの開発に乗り出した。

このジャケットの商品名は「ムーンパーカ」。当初は２０１６年発売予定だったが、２０１７年に延期された。延期を受けてゴールドウィンの株価が下がるなど一時失望感が広がったが、この程度のことを気にする必要はない。何かトラブルが起きれば、人工クモ糸のイメージダウンとなり、今後の事業展開に支障が出る。拙速にビジネスを進めるより、慎重に物事を進めた方が長い目で見れば賢明といえる。

ゴールドウィンは「チャンピオン」ブランドで有名だったが、２０１６年にチャンピオン事業を譲渡した。現在、同社の主力ブランドはザ・ノース・フェイス、エレッセ、ヘリーハンセンなどだ。

日本発、夢の新素材を生み出す企業

〈セルロースナノファイバー（CNF）〉	
日本製紙	製紙メーカー2位。2015年にCNF使用の大人用紙オムツを発売。消臭効果は従来品の3倍。
中越パルプ工業	九州大学とCNFを共同研究。2017年に年間生産能力100ｔのCNF製造工場を建設。
オンキヨー	音響機器の老舗メーカー。スピーカーの振動板にCNFの採用を決定。ハイレゾ化に対応。
プラス産業	オンキヨーのスピーカーの振動板を実際に製造している。従来品より軽くて硬い。
王子ホールディングス	国内製紙業界トップ。CNF100%の透明シートの開発に取り組んでいる。
大王製紙	製紙業界４位。2016年に三島工場内に年間生産能力100ｔの実験生産設備を建設。
第一工業製薬	工業用薬剤のトップメーカー。三菱鉛筆や化粧品メーカーに増粘剤用CNFを供給。
三菱鉛筆	ボールペンのインクの増粘剤として第一工業製薬のCNFを採用。三菱系企業ではない。
モリマシナリー	以前はCNFの製造装置の開発に取り組んでいたが、最近はCNFの製造販売を強化。
スギノマシン	ウォータージェットカッタを製造し、全国シェアが高い。最近はCNFの製造販売に注力。
増幸産業	CNF製造装置「スーパーマスコロイダー」を製造している。江戸時代は大砲を製造していた。
日本製鋼所	総合樹脂機械メーカー。樹脂とCNFの複合化を実現するコンパウンディング用押出機を販売。
〈リグニン〉	
森林総合研究所	林野庁所管の国立研究開発法人。森林及び林業に関する総合的な試験や研究を行う。
ユニチカ	リグニン炭素繊維を生産。リグニン炭素繊維は空気や水の浄化フィルターとして使用される。
ジャパンマテックス	「地域リグニン資源システム共同研究機関」のメンバー。リグニンでガスケットを製造。
日本触媒	世界的技術を持つ化学メーカー。リグニン由来のコンクリート混和剤の研究を進める。
宮城化成	ガラス繊維強化プラスチックとリグニンを複合させた素材で自動車部品の試作品を製造。
〈ウロコ〉	
多木化学	白身魚のウロコからコラーゲンを抽出。化粧品や再生医療の材料として使用される可能性も。
兵庫県立工業技術センター	中小企業のものづくりを支援する機関。企業は技術支援を受ける以外に機器の利用もできる。
〈カーボンナノチューブ（CNT）〉	
産業技術総合研究所	経産省所管の国立研究開発法人で略称は「産総研」。日本最大級の研究機関。

日本ゼオン	タイヤ用合成ゴムメーカー。高性能樹脂レンズ首位。世界で初めてCNTの量産化に成功。
サンアロー	キーシートの世界的メーカー。産総研、日本ゼオンと共同でCNTの研究開発を進める。
ミズノ	CNTを活用し炭素繊維強化プラスチック（CFRP）材料の衝撃強度を13%向上させた。
〈人工クモ糸〉	
スパイバー	慶應義塾大学発のベンチャー企業。世界で初めて人工的にクモ糸を作ることに成功。
小島プレス工業	愛知県に本社を置く自動車部品会社。販売先のほとんどがトヨタ自動車またはトヨタ系企業。
エクスパイバー	スパイバーと小島プレス工業の合弁会社。山形県鶴岡市の産業支援センター内に試作工場。
ゴールドウィン	スパイバーに30億円出資。人工クモ糸を使用したアウトドア用ジャケットを開発中。

第二章　天変地異と闘う防災企業

(1) 天気予報はビッグビジネス

地震、台風、感染症、そしてテロ

近年、自然災害が多発していると感じている人が多いのではないだろうか。1995年の阪神・淡路大震災以降、国内だけでも新潟県中越地震(2004年)、東日本大震災(2011年)、熊本地震(2016年)、鳥取県中部地震(2016年)などの大型地震が頻発している。海外でも2008年の中国・四川大地震以降、ハイチ大震災(2010年)、ネパール地震(2015年)、台湾南部地震(2016年)などが発生した。

台風や豪雨などによる被害も甚大であり、伊豆大島土砂災害(2013年)や広島土砂災害(2014年)、茨城県・鬼怒川決壊(2015年)は記憶に新しい。また、最近はゲリラ豪雨で町の機能が一時的にマヒしてしまうことが珍しくなった。地球温暖化といわれながら、局地的に大雪が降ることはあるし、2016年にはなんと11月に東京で雪が降った。2014年の御嶽山《おんたけさん》や近年度重なる桜島の噴火など、火山噴火も懸念される。

自然災害とは少し違うが、鳥インフルエンザ、MERS《マーズ》(中東呼吸器症候群)、エボラ出血熱などの流行で多くの人命が失われ、社会全体を混乱に陥れている。さらに付け加えれば、世界的にテロの脅威が高まっており、核物質や生物兵器、化学兵器による環境汚染が懸念される。そして、日本では首都直下型地震や南海トラフ地震が発生する可能性もある。国内も海外も天変地異が続いているし、今後何が起こるかわからない。このような状況下で重要なのは「防災企業」だ。この章では世界を救う防災企業について解説する。

気象会社が海運会社のコンサル

天候不順による災害が頻発している状況では、天気予報の重要性が増すばかりだ。ここでは、気象関連企業を紹介する。気象庁が観測をして天気予報を発表しているが、民間気象企業も同様の、あるいは気象庁を上回る活動をしている。

民間の気象情報サービスで世界最大手は日本の**ウェザーニューズ**だ。設立は１９８６年。世界各国に拠点を持ち、現地スタッフが世界中の気象を毎日観測している。

主力事業は船舶向けの気象情報提供サービス。世界には外航船（外国航路に就航している貨物船やタンカー、客船など）が約2万隻あるが、同社はこのうちの約６０００隻に情報を提供している。同社は船舶に気象情報を提供するだけでなく、安全で効率的なルートの提案も行っている。気象条件、スケジュール、燃料代などを考慮しながら航行のコンサルティングをしているわけだ。同社は２０２２年5月までに情報提供対象を1万隻にすることを目標にしている。

また、船舶だけではなく、航空機への情報提供も行っており、近年はアジアの航空会社向けが増加している。そのほか、高速道路管理会社や鉄道会社向けの情報サービスもある。

こうした運輸会社向け以外に、放送局への気象データの提供や、気象予報士の派遣、放送原稿の用意もしている。

さらに個人向けにはモバイル・インターネットサービスを提供しており、会員は毎日の天気予報や災害情報などをスマホで見ることができる。２０１６年末で有料会員数は２５８万人。このサービスの大きな特徴は、会員が天気予報の制作に参加できることだ。天気予報をより充実させるには、観測機器による観測データだけではなく、現地の状況を体感している人からの情報が重要だ。会員が身近な場所の写真と体感コメントでつづる「ウェザーリポート」は一日2万通にのぼる。ウェザーニューズは会員からのリポートを参考にしながら天気予報を作る。会員は天気予報の制作に関与することで充実感を持ち、ウェザーニューズへの愛着を強めていく。

今後、同社が力を入れるのは北極海の氷の状況を分析し、その情報を海運会社に提供するサービスだ。アジアからヨーロッパに荷物を運ぶには、スエズ運河経由か、南アフリカの喜望峰回りかの２つのコースがある。しかし、地球温暖化で海氷が溶けたためベーリング海峡から北極海を抜けてヨーロッパへ行くことも可能になってきた。

北極航路の距離はスエズ運河経由の3分の2なので、日数も燃料代も大幅に削減できる。ただ、航行可能とはいっても、凍結している場所はあるし、流氷が漂っていることもあるので危険な航路であることは間違いない。そこで、北極海の氷の状況を正確に船に伝えられれば、安全に航行できる。

同社はここ数年、海外で買収や事業提携を次々と実施しているが、２０１７年1月にはフランスの気象会社Ｍｅｔｎｅｘｔの完全子会社化を発表した。ヨーロッパでエネルギー・製造小売り・農業市場向けのサービスを強化する。

社員の半数以上が気象予報士

東京都中央区に本社のある**ライフビジネスウェザー**（非上場）は１９９８年の創業で、社員38名のうち21名が気象予報士という企業だ。「１㎞メッシュ高解像度局所気象予報」という非常に小さなエリアを対象にした気象予報をもとに、さまざまな情報サービスを提供している。
「１㎞メッシュ高解像度局所気象予報」とは、気象庁から発表される20㎞メッシュ気象予報を１㎞メッシュの高解像度に落とし込んだもの。メッシュが大きいと、情報が平均化されてしまい、局所的な変化を捉えることができない。これに対して、ライフビジネスウェザーの「1㎞メッシュ高解像度局所気象予報」では、ピンポイントでの予報が可能だ。

例えば、短時間で急激に発達する積乱雲の位置を正確に把握することで、局地豪雨の発生する場所、時間、雨量などを予測することができる。

建設業対象の気象サービス「ＫＩＹＯＭＡＳＡ」は1㎢の狭い範囲の降水量や落雷、風速を予測して配信する。高所で作業する際に風が急に強くなっては危険だし、コンクリート作業に雨は禁物なので、ピンポイントで気象条件を把握できる同サービスはとても役に立つ。ちなみに「ＫＩＹＯＭＡＳＡ」とは、築城や土木工事の名手といわれた戦国武将・加藤清正にあやかっての名前だ。

流通業者向け気象サービス「販促天機」は店舗の緯度経度に紐づく精細な気象予測だ。近年は異常気象なので、これまでのような市区町村単位の粗い情報では、小売店が対応できない。解像度の高い情報に基づいてキメ細かな気象情報を小売店に送るだけでなく、時間帯ごとの来客数や販売数量の予測もする。

さらに、天気情報サイト「みんなの天気予報」を運営しているほか、テレビの気象番組に気象予報士を派遣したり、放送原稿の提供をしたりしている。売上規模は2億円強と小さいが、２０１５年には中小企業庁の「がんばる中小企業・小規模事業者３００社」に選ばれた。

環境調査・分析の大手企業**いであ**は天気情報サイト「バイオウェザーサービス」を運営、**島津製作所**の子会社である**島津ビジネスシステムズ**（非上場）は天気情報サイト「お天気☆JAPAN」の運営のほか、天気予報アプリも扱っている。

五輪でも活躍した気象観測機器

気象観測には特殊な装置が必要だ。日本には気象観測機器を開発製造する有力企業が多い。東京都目黒区に本社を置く**日本エレクトリック・インスツルメント**（非上場）は風向風速計など各種気象観測機器を取り扱っているほか、機器を組み合わせた観測システムの提供も行っている。

例えば、航空気象観測システムでは、航空機の離発着時の風向・風速や雲の高さ、滑走路上の気温、湿度、雨量などの観測を行い、データ処理した後に関係機関に配信する。このシステムは羽田・成田・関西空港などに導入されている。

道路気象観測システムでは雨量計やレーザー式積雪計、路面凍結検知センサーなどからの情報をもとに道路気象状況を把握し、道路管理者へデータを配信する。道路といえば、ゲリラ豪雨によって道路の水没が多発している。同社では道路冠水監視システムを東京都品川区に納入した実績がある。

同社では放射線監視用の環境気象観測システムの提供も行っており、福井県原子力環境監視センターへ納入した。県内18地点の気象状況をリアルタイムで把握すると同時に原子力発電所周辺の空間放射線の監視を行っている。

同社の子会社の**小笠原計器製作所**（非上場）は1886年創業の気象観測機器メーカーだ。気象庁の地域気象観測システム（アメダス）は、全国約1300ヵ所で観測が行われているが、そこで同社の風向風速計、雨量計、気温計が採用されている。

また、1998年の長野冬季オリンピックのスキージャンプ台には同社の風向風速計、温度湿度計、積雪計が使用された。ジャンプ競技に使用される風向風速計は、記録だけでなく、選手の生命にも影響するので高い精度が求められる。同社の高い技術と1972年の札幌冬季オリンピックでも使用された実績が評価されての採用だった。

気象庁のアメダスを開発した企業

明星電気はＩＨＩの子会社で気象観測機器、地震観測機器メーカー。1939年に高層気象観測機（ラジオゾンデ）の製造を開始した。1974年に気象庁と共同でアメダスを開発したのは同社だ。

同社が力を入れているのが、超高密度気象観測システム「ＰＯＴＥＫＡ」。詳細な気象情報を自治体へ提供するサービスで、リアルタイムの気象情報はもちろん、予報も随時提供する。ゲリラ豪雨や竜巻などの危険がある場合はアラート情報を発信する。

同社が開発した小型気象計（直径20㎝、高さ27㎝、重さ1・35㎏）をエリア内に細かく配置することで詳細な予報が可能になる。ピンポイントで天気を把握したい場所があれば、そこに設置すればいい。小型で軽量なのでたいていの場所に置くことができる。

ＰＯＴＥＫＡを住民への緊急メール発信、パトランプ（警光灯）の鳴動、屋外スピーカーによる避難勧告などと連動させることも可能だ。

地震に関しては地震計の製造だけでなく、被災場所や地震の種類別にさまざまな防災システムを開発し販売している。

宇宙関連事業も同社の主力事業の一つで、衛星や惑星探査機に搭載する制御機器・観測機器のメーカーとして国内外で確固たる地位を築いている。これまで月周回衛星「かぐや」や小惑星探査機「はやぶさ」「はやぶさ2」の搭載機器を製造した実績がある。「はやぶさ2」は２０２０年に地球に帰還する予定なので、その時には同社が注目されるだろう。

宇宙の過酷な環境下で蓄積した技術を活かして、放射線計測器や低温下監視カメラなど、極限環境でも稼働する機器を開発できるのが同社の強みだ。

横河電子機器（非上場）は**横河電機**の子会社。気象観測機器の製造に加えて、路面状態観測システムや消防気象観測システムなどを手掛けている。川の氾濫に対応する雨量・水位防災システムを東京都渋谷区へ納入した実績がある。

光進電機工業（非上場）は東京都目黒区に本社があるが、工場を宮城県に、営業拠点を北海道、宮城、大阪、福岡、鹿児島に置くなど全国展開している。気象観測機器メーカーとして品ぞろえは幅広い。１９５３年には気象庁の支援を受けながら、プロペラ型風向風速計の国産化に成功した。

東京都東村山市に本社のある**フィールドプロ**（非上場）は風向風速計を製造している。風向風速計に温度計、日射計、雨量計を組み合わせた観測システムは簡易型から気象庁検定が取得可能なタイプまでそろっている。

勝島製作所（非上場）は１９１８年の創業以来、地震計の製造販売に取り組んできた。通常の地震計だけでなく、自己浮上式海底地震計を製造している。

東日本大震災は日本海溝付近で発生した超巨大地震。日本の周辺海域では大きな地震が発生するが、調査研究を進めるには海底での地震観測が欠かせない。海底で地震観測を行う時に使用されるのが、自己浮上式海底地震計だ。調査が終了した後にケーブルで引き上げなくても自分で浮上してくることから、名称に「自己浮上式」と付いている。勝島製作所はこの自己浮上式海底地震計を東京大学、北海道大学といった国立大学や気象庁、海上保安庁、海洋開発研究機構などに納入した実績がある。また、同社では地震計で収録された観測データの解析業務も請け負っている。

（2）緊急車両を製造する企業

消防車のトップメーカー

火事の時はもちろんだが、それ以外の緊急時においても消防車は大きな役割を果たす。ここでは、消防車やレスキュー車などを製造する企業を紹介する。

消防車製造のトップメーカーは大阪府に本社がある**モリタホールディングス**。同社は１９１０年に、日本で初めてガソリンエンジン付き消防ポンプを開発した。それ以来、ずっと消防車メーカーのトップを走り続けている。現在、消防車市場における同社のシェアは50％以上で、はしご車に限れば90％を超える。

同社の特徴はなんといってもその技術力にある。例えば、同社の「ミラクル・キャフス・カー」は、「ＣＡＦＳ（Compressed Air Foam System）」と呼ばれる仕組みを搭載した消防車だ。水と消火薬剤の混合液に圧縮空気を送り込むことで泡を発生させる。その泡で消火するのだが、泡のほうが水よりも消火性能が高いし、軽いので消防隊員の負担を軽くすることができる。

最近は他社もＣＡＦＳを採用した消防車を製造しているが、同社が開発した２００７年当時は画期的な技術であり、「ミラクル・キャフス・カー」の投入で市場シェアが大きく拡大した。

半世紀以上前から東南アジアなどに消防車を輸出するなど海外展開にも非常に熱心。中国進出は国内メーカーで一番早かった。２０１６年にはフィンランドの同業、**ブロント・スカイリフト**を買収した。

ブロントはクレーンの先端に付けた「かご」を使って高所の消火や救助にあたる「屈折はしご付き消防車」の専業メーカー。通常のはしご車よりも低価格であることを武器にして、世界１００ヵ国以上に販売している。モリタホールディングスはこの販売網を使って、同社が得意なポンプ車や化学車なども拡販する。

実はアジア市場でブロントはライバルだったが、ブロントを取り込むことでモリタホールディングスのアジア展開がやりやすくなった。

モリタホールディングスのグループ各社では、消防車に加えて消火器や避難器具の製造、リサイクル処理施設の設計施工、ゴミ収集車の製造も行っている。

海水対応のポンプ車を開発

消防車メーカーの2位は東京都中央区に本社がある**日本機械工業**（非上場）。消防用水管継ぎ手の製造メーカーとして1922年に創業した。

同社の消防車の特徴は水を入れるタンクの軽さだ。従来は鉄で作っていたポンプやタンクを、アルミや樹脂といった軽い素材で作るようにしたので、より多くの水や装備を積むことができる。

現在では、消火活動に海水を使用するのは珍しいことではないが、海水対応のポンプ車を開発したのはこの会社だ。阪神・淡路大震災の時には、消防車が海水を使って消火できなかった。そこで、海水を使用できて海から1～2㎞先まで送水できるようなポンプ車の開発に取り組み、阪神・淡路大震災の翌年3月に完成させた。

防災機器・設備の製造や施工を手掛ける**日本ドライケミカル**は消防車も製造している。1955年に消火器及び消火設備の製造会社として創業、1968年に国内の超高層ビル第1号の霞が関ビルディングにスプリンクラー設備を納入し、1969年には関西電力・美浜原子力発電所の消火設備を受注した。消防車の製造を開始したのは1980年。2016年には福島県に消防車や火災報知設備を製造する工場と総合防災研究棟を新設した。

同社は火力発電所や石油化学プラント向けに防災設備を販売し、そのメンテナンスを請け負っている。こうしたメンテナンス需要は安定しているので、同社の業績は堅調に推移している。

地方で活躍する消防車メーカー

長野ポンプ（非上場）は1934年に、ポンプメーカーとして石川県金沢市で創業した。伝統工芸がさかんな金沢市らしく、技術志向の強い企業だ。顧客のニーズに応えるため、標準タイプの消防車を量産するのではなく、すべてフルオーダーで製造している。

同社では消防車を年間60台以上は作らない方針だ。作れないのではなく、作らない。すべての車両をフルオーダーで製造すると費用が高くなる。低コストで、良いものをじっくりと製造するためには、年間60台が適正規模と考えているのだ。

また、営業エリアはサービス拠点から車で5時間以内と定めている。消防車は緊急車両であるため、トラブルが発生した場合、即座に修理しなくてはならないからだ。現在は石川県以外に福井、大阪、神奈川、高知、大分の各府県にサービス拠点を置いている。

2016年に長野ポンプは、ガラス繊維強化プラスチック（GFRP）を使った新型消防車を日本で初めて開発した。GFRPは鉄より強くアルミより軽いので、従来の鉄板で作られた消防車に比べ、40%以上も軽量化されている。その結果、積載できる水量は、従来の小型消防車が700~900リットルであるのに対し、1500リットルまで増えた。

これまで中規模火災であれば、小型消防車2台で対応していたが、GFRP消防車ならば1台で対応できる。同消防車は2016年のグッドデザイン賞を受賞した。

鳥取県に本社のある**吉谷機械製作所**（非上場）は1927年創業の消防車製造メーカー。消防ポンプの製造から消防車に発展し、現在は消防用バルブ、消火器、消防用ホースなども手掛けている。2016年に長野県で開催された全国消防操法大会（日本消防協会主催）ポンプ車の部では同社の消防車を用いた島根県松江市消防団が優勝した。

長崎県に本社のある**ナカムラ消防化学**（非上場）は九州で唯一の消防車工場を持つ。扱いが容易なボトル型消火剤の製造販売も手掛ける。九州以外では東京と名古屋、大阪に営業所を置き、栃木県に指定工場がある。

大阪車輌工業（非上場）は鉄道車両やケーブルカー、トロリーバスの製造メーカーだが、モリタホールディングスの協力会社としてはしご車や空港化学消防車といった特殊消防車の設計製作も行っている。

2016年12月の新潟県糸魚川の大火災でもわかるように、日本には消防車の入り込めない地域がたくさんある。そうした地域の火災現場で活躍するのが持ち運び可能な「可搬消防ポンプ」だ。東京都板橋区にある**トーハツ**（非上場）は1949年に日本初の可搬消防ポンプを開発し、現在では国内シェア50％超のトップメーカーだ。また、小型ポンプを4WD軽自動車に積み込んだ小型消防車の販売も行っている。

そのほかにもさまざまな防災関連製品を手掛けているが、消防隊員の訓練用装置も製造している。これは「実火災体験型訓練装置」というもので、各種の火災を再現した状況下での訓練が可能だ。

特殊災害と闘う企業

帝国繊維は1884年に麻糸の機械紡績で創業、1903年に日本で初めて消防用麻ホースの製造を開始し、その後、総合防災会社へと発展した。2016年12月期決算では祖業の繊維事業は売上高全体の22％に過ぎず、防災事業が76％を占める。

防災事業は4つの部門に分かれている。まず1つめが特殊車両部門。同社は普通の消火活動のみに使用する消防車ではなく、レスキュー車などさまざまな防災車両を製造している。レスキュー車とは消防の特別救助隊や特別高度救助隊などが人命救助の際に使用する車両のこと。同社は1983年からレスキュー車を作り続けている。

そのほか、河川の氾濫、ゲリラ豪雨による洪水に対処するための排水ポンプ車、遠隔地に消火・冷却用の水を届けるためのホース延長車なども製造している。

2つめが消防ホース部門。同社は消防ホースの国内トップメーカーで、あらゆる状況に対応した各種ホースを製造している。

3つめは消防被服・防護服部門。繊維発祥の企業らしく消防隊員が着る防火衣料や冷却下着などに加えて、放射性粉塵から身を守る防護服も手掛けている。

4つめが防災資機材部門。倒壊した建物を切断するチェーンソーや災害現場画像伝送装置、排水ポンプなど災害現場で使用される製品をそろえている。

また、首都直下型地震・南海トラフ地震による石油コンビナート爆発や原発火災に対応するシステムもある。川からの水の確保、送水、消火、可燃性ガスの希釈、放射能拡散防止、炉心冷却などがパッケージになったシステムだ。

東京特殊車体（非上場）は京王電鉄の孫会社で災害時に使用する照明電源車やレスキュー車を製造している。そのほか、移動採血車、レントゲン車、婦人・循環器検診車などの医療関連特殊車両も手掛け、日本赤十字社・地方自治体などから高く評価されている。

特殊車両メーカーの**コーワテック**（非上場）が製造した特殊化学車は、大気汚染現場で汚染物質の分析を行うための車両で、福島第一原発事故にも出動した。そのほか除染車（注）、水難救助工作車、化学物質漏洩災害に対応する車両なども手掛けている。本社所在地は東京都港区。

（注）除染車とは、核、生物、化学物質による特殊災害の際に、隊員や被災者に付着した物質を取り除く車両。

消防・レスキュー関連製品を作る

京都に本社のある**ＹＯＮＥ**（非上場）は１９５５年に消防車の放水制御に使用するボールバルブを初めて国産化、現在では国内シェア90％を誇る。バルブ以外には消防車に搭載する放水銃やノズル、消火薬剤も生産している。救助隊員の安全を守るための変位・崩落監視システム「ＭＩＨＡＲＩ」は、不安定な構造物、傾斜地の土砂や岩のわずかな動きをレーザー光線で感知して二次災害を防ぐ。

また、消火栓に差し込んだスタンド式のパイプが外れる事故が多発していることから、接続状態を可視化できるようにした「安全型スタンドパイプ　不動」は、２０１６年に「消防防災科学技術賞」の優秀賞を受賞した。

芦森工業は消防ホースの大手メーカー。１８７８年に綿麻糸商として創業後、ロープ製造を手掛けるようになり、１９５２年から消防用ホースを製造している。現在は災害現場で使用するエアー膨張式テントや熱所作業冷却服、噴霧消火装置なども製造している。同社はシートベルトやエアバッグなどの自動車用安全部品の有力メーカーでもある。

消防車に搭載のサイレンを製造しているのが**大阪サイレン製作所**（非上場）。創業当初はポンプの組み立てもしていたが、１９３２年にハンドサイレンを開発。その後は電子サイレンを製造し、今では警光灯や車載用スピーカー、回転灯など防災や救助に関連した製品を幅広く作っている。ちなみに救急車が走る時に鳴らすピーポーサイレンを開発したのはこの会社だ。

災害・事故現場では救助隊員や医療関係者の二次災害を防止しなくてはならないし、避難する人々の安全も確保しなくてはならない。そこで、重要なのが防塵・防毒マスクだ。こうした製品を作っているのが、**重松製作所**と**興研**。化学薬品などから身を守るための保護衣、騒音による聴力低下や難聴を未然に防ぐための防音保護具、飛来物などから顔面を守るための保護面などの製造販売も行っている。

アゼアスは防護服の製造販売の草分け的存在。有害な粉塵作業、危険な化学物質を取り扱う作業、鳥インフルエンザの消毒作業など、さまざまな用途に対応した防護服を供給している。米国デュポン社製の防護服販売が主力だが、アゼアスのオリジナルや米国ダウ・ケミカル社製の防護服も取り扱う。

地球温暖化だが雪害は深刻

地球温暖化といわれるが、世界各地では局地的な大雪で大きな被害が出ることが珍しくない。国内でも北海道の除雪費用は増加傾向にある。天候不順で除雪車の必要性は高まるばかりだ。

北海道に本社のある**日本除雪機製作所**（非上場）はロータリー除雪車（注）の国内トップ企業。1958年に鉄道用除雪車の製造を開始、1960年からロータリー除雪車を製造するようになった。

同社の特徴は小型車から大型車まで品ぞろえが豊富なこと。鉄道用、高速道路用、空港用、市街地用、歩道用など用途別に細かく分かれている。除雪車以外には凍結防止剤の散布車やゲレンデの整備車なども手掛けている。

除雪車の耐用年数は約15年と長い。そこで、売り上げを伸ばすために親会社の**川崎重工業**と組んでロシアなどへの輸出拡大を目指している。また、ダンプトラックや積載重量220tの重量物運搬車、ディーゼル機関車なども製造し収益の安定を図っている。

新潟トランシスはIHIの子会社で、本社所在地は東京だが工場は新潟にある。鉄道会社向けの販売比率が高いのが特徴だ。

豪雪地帯を走る東北・上越新幹線などでは、スプリンクラーによる散水で雪を溶かすことが多いが、北陸新幹線区間には散水用の水を取水する河川が少ない。北陸新幹線では夜間に除雪車を走らせて雪をどかす。この除雪車を作ったのは同社だ。

また、北海道新幹線では運転前の線路チェックのために走る「確認車」が除雪機能も有しているが、この確認車を製造したのも同社だ。

大阪府に本社のある**範多機械**（非上場）は道路の舗装、補修、切削を行う道路機械を製造している。アスファルト舗装で使用するアスファルトフィニッシャの国内シェアは約70％と断トツだ。同社は凍結防止剤散布車や溶液散布車も作っているが、これらの車両は道路だけでなく空港滑走路でも使用される。また、人が押しながら操作する除雪機も手掛けている。

除雪機は**ホンダ**、**ヤマハ発動機**、**ヤンマー**（非上場）、**和同産業**（非上場）、**フジイコーポレーション**（非上場）なども製造している。

除雪機のトップ企業は岩手県に本社のある和同産業で、国内シェアは約7割。１９６３年に国内で初めて人が押すタイプの除雪機を開発した。同社は２０１６年に海外事業本部を立ち上げた。除雪機のほか、草刈り機、豆刈り機、肥料散布機などの輸出も強化する方針だ。

フジイコーポレーションは新潟県に本社のある機械メーカーで、創業は１８６５年に遡《さかのぼ》る。同社の除雪機の性能は海外でも高く評価されており、日本、イギリス、イタリアの南極観測基地でも使用されている。草刈り機や高所作業機の製造も手掛ける。

（注）ロータリー除雪車とは回転式の羽根で除雪する車両。

（3）ガレキの山で奮闘する企業

期待されるレスキューロボット

地震や津波の後のガレキの山、放射能や化学物質で汚染されたエリア。救急隊員がそんな危険な場所に入り込むのは容易ではない。そこで、今後の活躍が期待されているのがレスキューロボットだ。

2015年に**早稲田大学次世代ロボット研究機構**と**菊池製作所**は**フューチャーロボティックス**（非上場）を設立した。早稲田大学では1960年代から日本のロボット研究の父と呼ばれた加藤一郎教授を中心にロボット研究を進めてきた。1973年に世界初のフルスケール人間型ロボット「WABOT－1」の開発に成功した実績もある。

一方、菊池製作所は金型や試作品の製造会社。「ものづくりメカトロ研究所」を設立してマッスルスーツやロボットの研究を進めている。また、**自律制御システム研究所**からドローンの製造を受託している。

フューチャーロボティックスでは早稲田大学と菊池製作所の研究者が役員に名を連ねている。同社では災害対応ロボット「オクトパス」を開発中だ。アームが4本、キャタピラー付きの足が4本あることから、オクトパス（タコ）という名前が付けられた。

アームが4本あるレスキューロボットは世界にはまだない。4本あればガレキ撤去や消火、倒木処理、撮影などの作業を同時にこなすことができる。大きな段差を乗り越える時は後ろ2本のアームで車体を支えながら、4本の足と前2本のアームを使ってよじ登る。アーム1本当たり200kgのものを持ち上げる能力がある。

現状では2人で遠隔操作するシステムだが、2人で1台では操作しにくいこともあり、将来的には1人で操作できるようにする。サイズは2種類あり、大型タイプはタテ2m、ヨコ1・2mで重さは1t。小型タイプはタテ1m、ヨコ50㎝で重さ300kg。すでに東京電力との間で福島第一原発のガレキ撤去・解体工事にオクトパスを導入する話が進んでいる。まだ改良すべき点があり、実用化のメドは2020年ということだ。

ウミヘビのように泳ぐロボット

東京都品川区にある**ハイボット**（非上場）は東京工業大学発のロボットベンチャー企業

だ。ロボット研究の世界的権威である廣瀬茂男会長らが２００４年に設立した。同社のロボットは他社にはない独創的なものが多い。

同社が開発した「ＳＯＲＹＵ４」は災害現場での活用が期待されるロボットだ。戦車のキャタピラー部分を切り離して独立させたような外観をしている。狭いスペース内を走行したり、階段、溝、ガレキなどの障害物を乗り越えることが可能だ。使用前の設定準備が非常に簡易なため、迅速な対応が必要な探査救助活動に向いている。サイズはタテ１２１㎝、ヨコ16㎝。数台を連結させることも可能だ。

さらに、水の中をウミヘビのように泳いで進むロボット「ＡＣＭ－Ｒ５Ｈ」もある。橋やダム、海上プラント設備の調査点検には持ってこいのロボットだ。そのほか、濁った水の中で力を発揮する「ＡＮＣＨＯＲ ＤＩＶＥＲ Ⅳ」というロボットも保有していて、東日本大震災の時には実際に水中探査に活用した。

「テスボット」は狭い配管の中を点検するヘビ型のロボット。ほぼ直角のカーブも本物のヘビのように曲がることが可能だ。先端にカメラを装着しておけば内部の状況をくまなく調べることができる。

同社の主要取引先銀行は三菱東京ＵＦＪ銀行で、大株主は三菱ＵＦＪキャピタル。現社長の加藤崇氏は東大発のロボットベンチャー企業「シャフト」の共同創業者兼取締役ＣＦＯだった人物。ハイボットには２０１４年から社外取締役として経営に参画し、２０１６年に社長に就任した。同社の売上高は2億円弱で、赤字になることも珍しくないが、これから成長していくための体制はできている。

被災地の消毒に重要な機器とは

災害が起きると環境が悪化し、ハエや蚊を媒介して病気が蔓延することが多い。せっかく災害から助かった人々が病気で命を落とすという事態は絶対に避けなければならない。ガレキの撤去とともに災害エリアの消毒は極めて大切なことだ。ここでは、害虫駆除や病原菌の殺菌のため、消毒剤を散布する時に使う防除機のメーカーを取り上げる。

防除機のトップメーカーは東証1部上場の**丸山製作所**。創業は１８９５年。消火器の製造販売から出発して、現在では農林業用機械、工業用ポンプなども作っている。同社の製品は海外で評価が高く、全世界79ヵ国で販売されている。２０１６年には中国の「全国農業技術推広服務センター」から「ユーザーが最も信頼する防除機ブランド10社」として表彰された。

ドローンを活用した薬剤散布システムを自社で販売しているほか、クボタの農業用ドローンに散布装置を提供している。

東京都青梅市に本社を置く大手農林業機械メーカー**やまびこ**も防除機を製造している。世界展開に熱心で90ヵ国以上に販売ネットワークがある。全売上高の65％は海外向けというグローバル企業だ。

埼玉県川越市に本社のある**ハスクバーナ・ゼノア**（非上場）は、ハスクバーナ傘下の機械メーカーだ。防除機以外に土壌穴あけ機や杭打ち機、水田用溝切り機、芝刈り機、エンジンポンプなども製造している。防除機の中には乾電池式で手軽に使用できる機種もある。ハスクバーナとは、チェーンソーやロボット芝刈り機を製造するメーカーで、本社はスウェーデンのストックホルムにある。

工進（非上場）は世界１６０ヵ国に製品を販売するポンプメーカー。ポンプ以外に発電機、草刈り機なども手掛けている。防除機は肩掛け式手動タイプ、乾電池式、充電式、エンジン式などさまざまな形式のものをそろえている。本社は京都だが、宮城、埼玉、福岡に支社を置き、工場は本社内と中国浙江省、タイ・バンコクにある。手押し式の除雪機の製造も手掛けている。

岡山県に本社を置く**みのる産業**（非上場）は田植え機が主力の農業機械メーカー。吹き出し口が複数付いた多頭型防除機を生産している。水田の中を自律走行しながら除草を行う小型水田用除草ロボット（アイガモロボット）や、タマネギ移植機を開発するなど技術志向の強い企業だ。機械メーカーであるが、2008年からシイタケの生産もしており、その生産規模は近畿圏で2位。

同じく岡山県の**カーツ**（非上場）も防除機を製造している。草刈り機や枝打ち機、除雪機なども手掛けており、宮城と熊本に営業所がある。

天変地異と闘う防災企業

〈気象関連〉	
ウェザーニューズ	民間の気象情報サービスで世界最大手。主力事業は船舶向けの気象情報提供サービス。
ライフビジネスウェザー	１kmメッシュという極小エリアを対象にした気象予報をもとに情報サービスを提供。非上場。
いであ	環境調査・分析の大手企業。天気情報サイト「バイオウェザーサービス」を運営。
島津製作所	分析・計測機器の老舗。大学やその他の研究機関ではこの会社の機器がよく使われている。
島津ビジネスシステムズ	島津製作所の子会社。天気情報サイト「お天気☆JAPAN」の運営。天気予報アプリも。
日本エレクトリック・インスルメント	風向風速計など各種気象観測機器を販売。機器を組み合わせた観測システムも提供。
小笠原計器製作所	1886年創業の気象観測機器メーカー。気象庁が風向風速計、雨量計、気温計を採用。
明星電気	IHIの子会社。気象観測機器、地震観測機器メーカー。気象庁と共同でアメダスを開発。
横河電子機器	横河電機の子会社。気象観測機器や路面状態観測システムを販売。自治体に納入実績。
横河電機	制御機器と計測機器が事業の２本柱。制御機器はプラント向け制御システムが中心。
光進電機工業	気象観測機器を幅広く取りそろえる。1953年初めてプロペラ型風向風速計の国産化に成功。
フィールドプロ	風向風速計に温度計、日射計、雨量計を組み合わせた観測システムが得意。非上場。
勝島製作所	1918年の創業以来、地震計の製造販売に取り組んできた。観測データの解析業務も行う。
〈緊急車両〉	
モリタホールディングス	消防車製造の国内トップ。消防車市場ではシェア50%超、はしご車に限れば90%超。
ブロント・スカイリフト	モリタホールディングスの子会社。屈折はしご付き消防車では世界トップブランド。
日本機械工業	消防車メーカー２位。タンクの軽さに特徴。日本で初めて海水対応のポンプ車を開発。
日本ドライケミカル	消火器製造で創業。現在は消防車製造のほか、防災機器・設備の製造や施工を行う。
長野ポンプ	ガラス繊維強化プラスチックを使った消防車を日本で初めて開発、40%以上の軽量化に成功。
吉谷機械製作所	消防ポンプの製造から消防車に発展し、現在は消防用バルブ、消火器、ホースなども製造。
ナカムラ消防化学	長崎県に本社。九州で唯一の消防車工場を所有。扱いが容易なボトル型消火剤の製造販売も。
大阪車輌工業	モリタホールディングスの協力会社としてはしご車や空港化学消防車などを製作。非上場。

トーハツ	可搬消防ポンプの国内シェア50%超。消防隊員のための体験型訓練装置も製造。非上場。
帝国繊維	消防ホースの製造から総合防災会社へと発展。1983年からはレスキュー車を製造。
東京特殊車体	京王電鉄の孫会社で災害時に使用する照明電源車やレスキュー車、医療関連特殊車両を製造。
コーワテック	大気汚染現場で汚染物質の分析を行う特殊化学車は福島第一原発事故にも出動した。
〈消防・レスキュー関連製品〉	
YONE	消防車の放水制御に使用するボールバルブを初めて国産化、現在では国内シェア90%。
芦森工業	消防ホースの大手。エアー膨張式テントや熱所作業冷却服、噴霧消火装置なども製造。
大阪サイレン製作所	消防車に搭載のサイレンを製造。救急車が走る時に鳴らすピーポーサイレンを開発した。
重松製作所	産業用防毒マスクは市場シェアが高い。アメリカ3M社に防毒マスクをOEM供給している。
興研	防塵·防毒マスク２大メーカーのうちの１社。防衛省向けに強く、独占的供給となっている。
アゼアス	化学物質を扱う作業、鳥インフルエンザの消毒作業など、用途に対応した防護服を供給。
〈除雪車・除雪機〉	
日本除雪機製作所	ロータリー除雪車の国内トップ。鉄道用、高速道路用、歩道用など用途別に分かれている。
川崎重工業	重工3社のうちの一角。日本除雪機製作所の親会社。ロシアへの除雪車輸出拡大を狙う。
新潟トランシス	IHIの子会社で、本社所在地は東京だが工場は新潟に。鉄道会社向けの販売比率が高い。
範多機械	道路の舗装、補修、切削を行う道路機械を製造。凍結防止剤散布車や溶液散布車も製造。
ホンダ	自動車の世界シェア8位。エンジンとモーター併用のハイブリッド型除雪機もある。
ヤマハ発動機	積雪を取り除く融雪剤散布機からスタートし、1974年から除雪機販売。
ヤンマー	農業機械メーカーの国内シェア２位。除雪機全機種に対人賠償責任保険１億円付き。
和同産業	除雪機の生産高トップ。岩手県に本社。国内シェアは約７割。海外展開に熱心。非上場。
フジイコーポレーション	新潟県に本社のある機械メーカーで、創業は1865年。除雪機の性能は海外でも高評価。
〈レスキューロボット〉	
早稲田大学次世代ロボット研究機構	ヘルスケア、ヒューマン、災害対応の３分野に分かれてロボット研究を推進。
菊池製作所	金型や試作品の製造会社。「ものづくりメカトロ研究所」を設立し、ロボットなどを研究。

フューチャーロボティックス	早稲田大学次世代ロボット研究機構と菊池製作所が共同出資。災害対応ロボットを開発中。
自律制御システム研究所	千葉大学発のベンチャー企業。ドローン製造を菊池製作所に委託。楽天と共同実験も。
ハイボット	東京工業大学発のベンチャー企業。他社にはない独創的なロボットが多い。
〈防除機（消毒剤などの散布）〉	
丸山製作所	防除機のトップメーカー。製品は海外で評価が高く、全世界79ヵ国で販売されている。
やまびこ	世界展開に熱心で90ヵ国以上の国に販売ネットワークがある。全売上高の65%は海外向け。
ハスクバーナ・ゼノア	スウェーデンの機械メーカー、ハスクバーナの傘下。防除機以外に土壌穴あけ機なども。
工進	世界160ヵ国にポンプを販売。防除機は肩掛け式手動タイプ、乾電池式など形式はさまざま。
みのる産業	田植え機が主力の農業機械メーカー。吹き出し口が複数付いた多頭型防除機を生産。非上場。
カーツ	岡山県に本社。防除機以外に草刈り機や枝打ち機、除雪機なども手掛けている。非上場。

第三章　最後のフロンティアで活躍する企業

(1) フロンティアといえばアフリカ大陸

人口増加とともに経済も成長

もはや地球上にフロンティアはない、と思っている人が多いだろう。通信手段や航空機網の発達を考えれば、フロンティアなどあり得ないと考えるのも無理はない。しかし、ビジネス上のフロンティアはまだまだ存在する。それはアフリカだ。アフリカといえば、貧困、飢餓、エイズなどの疾病、内戦などを思い浮かべるだろう。

しかし、アフリカは天然資源に恵まれているし、若くて巨大な人口がある。アフリカは大きく成長する可能性を秘めた地域なのだ。２０１０年にアフリカの人口は10億人を突破し、２０１５年に12億人となった。２０２０年には13・４億人、２０３０年には16・８億人に達してインドや中国を上回り、２０５０年には24・８億人まで増加する（国連予想）。

ただ単に人口が増加しているのではなく、アフリカ経済は人口増加とともに確実に成長し続けている。２０１６年８月にケニアの首都ナイロビで開催された「日本・アフリカ ビジネスカンファレンス」（日本貿易振興機構〈ＪＥＴＲＯ〉主催）の基調講演で、アフリカ開発銀行のアキンウミ・アデシナ総裁は「アフリカ経済は過去10年、年平均で５％成長した」

と述べた。２０００年のアフリカのＧＤＰは３０００億ドル半ばだったが、２０１４年には約５倍の１兆８０００億ドルに達している。

アフリカでは超有名な日本企業

アフリカの人々の間で最も人気がある日本企業といっても過言ではないのが、２００４年に設立された**ビィ・フォアード**（非上場）。同社は越境ＥＣ（電子商取引）サイトによる中古車輸出を手掛けている。日本国内で中古車を仕入れて、アフリカなどの新興国に輸出しているのだ。２０１５年の販売台数11万６０００台のうち、７割がアフリカ向け。取引先はアフリカ内42ヵ国に及ぶ。

日本国内では無名だが、アフリカでは知らない人がいないほど有名であり、社長の山川博功氏が現地政府からＶＩＰ待遇を受けるという企業だ。同社の運営する越境ＥＣサイト「BE FORWARD.JP」はアフリカ各国でフェイスブック、グーグル、ユーチューブなどと一緒に人気サイト上位にランキングされている。

日本車の新車性能が高いのはいうまでもないが、中古車になっても性能が高い。日本人は車をもの凄く丁寧に扱ううえ、定期点検や車検で細かくケアする。さらに道路事情がいいので、車が傷まない。そして、日本は鉄道網が発達しているので、どうしても長距離を運転しなければならないということがなく、走行距離が短い中古車が多い。

日本車を日本国内だけで使用していれば、100万km走ることが可能といわれているが、数万kmで買い替える人がほとんどだ。日本人は新車志向が強いので、車両登録してナンバープレートを付けただけで、車両価格は3～4割も低下する。5年もすれば車両価格がほぼゼロになる車種も珍しくない。

まだまだ十分に走る車の価格がとんでもなく安いわけだ。ビィ・フォアードは日本国内では売り物にならない古い車や、走行距離の長い車を安く仕入れて輸出することで収益を伸ばしている。

アフリカでは日本の中古車が高く評価されていて「走行距離10万kmの車をニューカーと呼ぶ」(山川社長)。

通常、中古車の輸出は個人ではなく、企業を対象とする。相手が個人では手続きが面倒だし、資金の回収に不安がある。しかし、同社の販売先は圧倒的にアフリカの個人が多い。

同社は日本国内で**ユー・エス・エス**などが運営するオークションで中古車を仕入れる。その後、同社の越境ECサイト「BE FORWARD.JP」に掲載し、注文が入れば前払いで料金を受け取った後、日本から車を輸出する。同社のサイトは6ヵ国語対応なのでアフリカの一般人でも簡単に注文できる。相手がアフリカの個人となれば、料金の支払いが不安だが、前金制なので心配はない。

個人以外にアフリカ国内の自動車販売会社も仕入れのために「BE FORWARD.JP」経由で注文をしてくるが、同社としては個人と自動車販売会社で対応の仕方を変える必要はない。

アフリカで独自に物流網構築

同社はECサイトの運営をしているのであって、現地に販売店を出店してはいない。しかし、アフリカ内で独自の輸送網を築き上げている。新興国における輸出事業で重要なのは「輸送」。特にアフリカでは、幹線道路や輸送システムが未発達なため、多くの場合は港に商品を停留させて、消費者が商品を回収するという手法がとられている。

例えば、内陸国のザンビアから注文があった場合、自動車業者は隣国のタンザニアのダルエスサラーム港まで輸送するだけ。そこからザンビアまでは客の依頼を受けた現地の運送業者が運転して運ぶ。しかし、運送業者のレベルが低い場合が多く、配送途中で車を故障させてしまうことが珍しくない。

そこでビィ・フォアードは、現地の通関業者などと提携して独自に物流網を構築することにした。タンザニアのダルエスサラーム港、ケニアのモンバサ港、南アフリカのダーバン港の3ヵ所から自動車の輸送を行っている。輸送とはいっても、アフリカは道路整備が遅れているので、キャリアカーを走らせられない地域が多い。そこで、5〜20台でキャラバンを組んで自走して運んでいる。一緒にサービスカーを走らせれば故障が起きてもすぐに対応できるし、キャラバンを組んでいれば盗賊などから襲われるリスクが低下する。

アフリカビジネスのコンサルも

アフリカでの販売台数が多いのは、日本からアフリカへの配送を効率化して、販売価格を抑えたからだ。同社がアフリカへ輸出を始めた頃は、パキスタンの業者がアフリカへの日本の中古車輸出を独占していた。彼らは日本からいったんアラブ首長国連邦（UAE）のドバイに車を運び、そこにアフリカの業者が買い付けに来ていた。

ところが、ビィ・フォアードは日本から直接アフリカへ輸送することにした。ドバイを経由して2回船に載せるよりも費用が安くなる。早く着くので車が潮風にさらされる時間が短くなり、それだけ車のコンディションが良好に保たれる。パキスタンの業者が扱っている中古車よりも品質の良いものが安いとなれば販売台数は増えていく。

アフリカに詳しいことから、「最近では大手を含むさまざまな日本企業から相談を受けることが増えてきた」（山川社長）。どの企業もアフリカでモノやサービスを売りたいが、アフリカの事情がわからないし、市場調査もできない。今後はアフリカ市場参入のためのコンサルティング業務も手掛けていく。

また、中古車販売で作り上げた物流網やインターネットによる決済・送金システムを活用して、中古車以外の日本製品の販売も行う。すでにオートバックスセブンのグループ会社でカー用品の総合卸売会社**パルスター**と提携し、パルスターから供給されたエンジンオイルをビィ・フォアードのブランドで販売している。今後は自動車に関係ないパソコン、日用雑貨などあらゆるものを扱う方針だ。品ぞろえが拡大すれば、「BE FORWARD.JP」は中古車販売のECサイトから「新興国・途上国向けアマゾン」または、「新興国・途上国向けアリババ」へと生まれ変わることになる。（ビィ・フォアードについては、山川社長の著書『グーグルを驚愕させた日本人の知らないニッポン企業』〈講談社＋α新書〉に詳しい）

ビィ・フォアードは越境ECサイトだが、海外向け中古車販売会社としては**エスビーティィー**（非上場）、**トラスト**、**アガスタ**（非上場）といった企業がある。

エスビーティィーは、１９９３年の創業で、国内拠点8ヵ所、海外拠点41ヵ所で事業を展開し、世界１２０ヵ国以上に中古車を輸出している。２０１５年9月期で年間売上高９２０億円を超える。中古オートバイの輸出もしている。

トラストは東証2部上場で売上高１８９億円。世界各国に中古車を輸出しているが、総台数の約４割がアフリカ向けだ。また、南アフリカでは新車ディーラーとしてプジョー、フィアット、アルファロメオ、スズキなどの新車を販売しているだけでなく、中古車販売ディーラーの経営も行っている。さらに日本国内では直営とフランチャイズの２系統でレンタカー事業を展開している。

カーチスホールディングスの子会社であるアガスタは、年間約１０００台をアフリカに輸出している。これは同社の輸出全体の約２割にあたる。

中古部品も日本製が大人気

会宝産業（非上場）は自動車中古部品の卸売企業。本社は石川県金沢市にあり、２０１５年12月期の売上高28億円。中古車を買い取って解体し部品を販売している。中古部品のうち75％が輸出で約80ヵ国と取引している。

海外拠点は５ヵ所だが、そのうち３ヵ所がアフリカ（ケニア、ナイジェリア、ガーナ）であることからわかるように、アフリカビジネスに力を入れている。メーカーの純正部品は高いので、アフリカでは自動車修理で新品の純正部品を使用することは少ない。現地政府や大企業が保有する自動車を修理する時も同様だ。中国製やインド製の部品は安いが品質が劣るのに対し、日本製の中古部品は品質が高いので人気がある。

会宝産業がアフリカで成功しているのは次の3つの仕組みを整えたからだ。

まず1つめは「KRA（Kaiho Recyclenet Alliance）システム」。これは中古部品に関する情報や在庫状況を把握するための商品管理システムだ。どの自動車からどの部品を取り出したのか、部品のコンディション、在庫数、販売状況などが一元管理されている。会宝産業は中古部品取引にトレーサビリティを導入したことになる。

中古部品はその履歴がはっきりしないことが多いため、胡散《うさん》臭いイメージを持たれることがあるが、「KRAシステム」によって顧客からの信頼を得ることができた。「KRAシステム」で管理された部品は「会宝ブランド」部品として出荷されている。

2つめが「JRS（Japan Reuse Standard）」。アフリカでは劣悪な部品も流通しているので、高品質の「会宝ブランド」部品とその他の部品を区別するために作った品質表示規格だ。

JRSでは中古エンジンの場合、年式、走行距離、エンジンオイルの汚れ具合、始動状態などを5段階で評価し、タグを付けて表示している。JRSがあることで、アフリカの自動車業者は安心して日本の中古部品を購入することができる。

3つめは「中古車部品オークション」の設置。会宝産業は2014年秋、UAEで中古部品のオークション事業をスタートさせた。当初は月1回だったが、現在は週1回のペースでオークションを開催している。アフリカの自動車業者は中東で部品を仕入れることが多いため、中東にオークション市場があることはアフリカの業者の利便性を高めることになる。そして、今後はケニアでもオークションを開催する計画だ。ケニアでオークションが行われれば、「会宝ブランド」部品の取引がさらに活発となる。

また、会宝産業はアフリカで自動車リサイクルビジネスの展開も目論んでいる。アフリカではモータリゼーションが進行しているが、路肩に放置されたままの廃車が多く、交通事故や環境悪化の原因となっている。２０１２年からナイジェリアで2年間国際協力機構（ＪＩＣＡ）の支援を受けて、環境コンサルティング会社**イースクエア**（非上場）と共同で自動車リサイクル事業の準備調査を行った。

残念ながら、ナイジェリア政府の方針変更や合弁パートナー企業の問題により自動車リサイクル工場の開設には至っていない。しかし、経済発展とともに自動車が増加している状況を鑑みれば、いずれはアフリカでも自動車リサイクルシステムを確立しなければならない。その時には会宝産業が中古部品輸出から自動車リサイクル全般へと事業を拡大させることになるだろう。

ドローンがアフリカを変える

自動車関連で忘れてはならないのが**住友ゴム工業**。国内2位、世界6位のタイヤメーカーだ。「ダンロップ」ブランドが主力だが、「ファルケン」も扱っている。２０１５年にグッドイヤー社との提携は解消した。

２０１３年、アフリカへ本格進出するためインドのタイヤメーカー、アポロタイヤの子会社「アポロタイヤ南アフリカ」を買収した。これによりアフリカ30ヵ国における「ダンロップ」ブランドタイヤの製造販売権、販売網、現地工場を取得した。買収金額は約60億円。

住友ゴム工業は以前からアフリカ20ヵ国で販売権を持っていたので、Ｍ＆Ａによりアフリカのほぼ全域でダンロップタイヤを販売できるようになった。

そして、２０１６年３月にアフリカのタイヤ需要拡大に対応するため、南アフリカにトラック・バス用タイヤの生産設備を新設すると発表した。総投資額は約66億円で、生産開始は２０１８年７月の予定。現在、トラック・バス用タイヤについては輸入販売を行っているが、生産設備を保有することで安定供給が可能となり、アフリカ市場での事業が強化される。

アフリカで携帯電話が普及したのは電線などのインフラを整備する必要がなかったからだ。もし先進国のように電線網を張り巡らせるとしたら何年かかるかわからないどころか、永遠に無理かもしれない。

電線網と同様に道路の整備にも時間がかかるだろう。鉄道敷設は実現の可能性がより低い。

貧弱な交通インフラはアフリカの経済発展のネックになる。しかし、輸送の一部を自動車からドローンに置き換えたらどうだろうか。ドローン飛行のためには特に大きなインフラを構築する必要はない。ドローン飛行のための環境を整えるぐらいならばアフリカの国々にとっても難しくない。

「アフリカでドローン輸送？」と思う人は少なくないだろう。しかし、日本のベンチャー企業がザンビアでドローンによる物流網整備に乗り出している。その企業の名前は**エアロセンス**（非上場）。2016年7月、同社のザンビアでのドローンを用いた物流促進事業がJICAの途上国支援事業に採択されたのだ。

内陸国ザンビアの道路は整備されておらず、農村地域への医療関連物資の輸送が滞り、住民が十分な医療保険サービスを受けられない状況にある。そこで、エアロセンスはドローンを活用し、薬品や診断キット、検査用検体などの無人配送を目指す。

エアロセンスの他に**八千代エンジニヤリング**（非上場）が事業に参加し、ドローン運用に必要な電力・通信インフラなどのコンサルティングを行う。

エアロセンスはソニーの子会社、ソニーモバイルコミュニケーションズ（非上場）と自動運転技術開発のＺＭＰ（非上場）の合弁会社として２０１５年８月に設立された。その後２０１６年８月にソニーがソニーモバイルコミュニケーションズからエアロセンス株を買い取った。今後はロボット、ＡＩ事業を強化するソニーとエアロセンスの提携が強化される。

漆喰がアフリカを救う

国内総合塗料トップクラスの**関西ペイント**もアフリカ展開に熱心な企業だ。２０１１年に南アフリカの塗料トップ企業、フリーワールドコーティングスを子会社化。２０１３年にはジンバブエの塗料トップ企業、アストラインダストリーズを孫会社とした。関西ペイントの全売上高のうち９％はアフリカ向けだ。

同社のアフリカ進出はその技術力・製品力に支えられている。まず、注目の製品は「アレスシックイ」。日本の伝統的な建築素材「漆喰《しっくい》」と同様に消石灰を主成分とした塗料だ。

アレスシックイには抗ウィルス効果がある。**長崎大学熱帯医学研究所**が７ヵ月にわたる検証実験により、ノロウィルス、エイズウィルス、エボラウィルス、天然痘ウィルス、インフルエンザウィルスＡ香港型などに対する抗ウィルス効果を実証した。

アレスシックイを壁などに塗るとその表面には多数の微細な穴ができる。菌やウィルスがその穴に入ると、穴内部のアルカリ成分が菌やウィルスの感染性を低下させる。また、臭いの成分も穴に閉じ込めて分解してしまう。湿度を調整する調湿機能もあるので、結露予防にも効果がある。

アフリカではエイズやエボラ出血熱などさまざまな伝染病が深刻な社会問題であるが、アレスシックイを病院や保健施設、学校などで使用すれば感染の予防に役立つ。消臭機能と調湿機能によって病院などの環境を快適にすることも可能だ。

さらに、関西ペイントは2016年5月にアレスシックイをバージョンアップさせた「アレスシックイ モンティアート」を開発した。アレスシックイに柔軟性を付与したことで繊維、紙、フィルムなどあらゆる素材に塗ることが容易になった。医療用のテントなどに塗れば病気の感染防止に役立つ。

今どき日本で「蚊帳」を吊って寝ている人は少ないだろう。しかし、アフリカでは**住友化学**が開発した蚊帳が人々をマラリアから守っている。その蚊帳の名前は「オリセットネット」。

かつては全世界で2億人以上のマラリア患者が発生し、年間100万人以上が命を落としていた。医学の進歩で死亡者は減少しているが、それでも2015年には2億1400万人がマラリアを患い、43万8000人が死亡している(世界保健機関〈WHO〉調査)。マラリアの被害は圧倒的にアフリカがひどく、全世界のマラリア患者の88%、マラリア死亡者の

90％がサブサハラ（サハラ砂漠以南のアフリカ）の住民だ。

住友化学のオリセットネットはピレスロイドという防虫剤が練り込まれたポリエチレンの糸から作られる。もともとは工場の虫除け網戸用に開発された技術だが、住友化学はこれをマラリアに苦しむ人々のために役立てられないかと考え、蚊帳用にアレンジして防虫剤処理蚊帳「オリセットネット」を開発した。

オリセットネットが開発される前から、防虫剤を表面処理した蚊帳は出回っていた。しかし、単に防虫剤に漬けて作った糸を編んだ蚊帳は、その防虫効果が長持ちしなかった。

オリセットネットは繊維の中に練り込まれたピレスロイドが、必要な量のみ表面に染み出るという構造になっている。しかも表面に長く微量の薬剤がとどまるため、5年以上使用できるのだ。

2001年にはWHOから長期残効型蚊帳として認められ、使用が推奨されている。現在、国連児童基金（UNICEF）などの国際機関を通じて、80ヵ国以上に供給されている。

マラリア患者は減少傾向にあるが、最近は蚊を媒介としたデング熱の感染が急速に拡大している。WHOは世界全体で入院が必要な重症型のデング熱患者が毎年50万人発生していると推計しており、その大部分が子供。重症型のデング熱患者の約2・5％が死亡している。

日本では2014年に約70年ぶりの国内感染が確認された。オリセットネットはデング熱対策としても期待される。

アフリカで付け毛は必需品

カネカといえば、準大手の化学メーカーだ。化成品、機能性樹脂、食品、合成繊維などを製造している。実はカネカの合成繊維「カネカロン」で作った付け毛がアフリカで大人気だ。

多くの黒人は生まれつき髪の毛が縮れているため、梳《と》かしにくいしセットするのに手間がかかる。ストレートにするためには高いお金を払ってストレートパーマをかけなければならない。そこで、アフリカの女性は髪を短く切ってカツラや付け毛を付けることが多い。短時間で身だしなみを整えられるし、簡単にいろいろな髪型を楽しむことができる。アフリカでは高級ショッピングモールからスラム街まで、どこに行っても付け毛を販売する店がある。

カネカロンは、約500種類の繊維と約40種類の色をそろえることで、アフリカ女性の需要に応えている。価格は他のメーカーの倍近いが、人毛に近くて付け心地がいいことや、燃えにくくて安心といったことが評価されて大人気。アフリカでのシェアは5割を超える。

カネカロンのアフリカ市場進出は今から30年以上も前に遡る。1983年、ニューヨークに出張していたカネカの営業マンが、セネガルから来た商人がカネカロン製の付け毛を大量に買い込んでいるのを目撃し、その足でアフリカへ飛んだのがきっかけだ。アフリカ進出後の約20年は販売が伸びず苦戦が続いたが、その後は売り上げが急拡大している。

カネカの合成繊維の売上高は453億円で全売上高の8％だが、営業利益は157億円と全体の約4割に達する。カネカロンから作った付け毛のおかげで、合成繊維がカネカの稼ぎ頭だ。

カネカはこうした状況に甘んじることなく、プロモーション活動に力を入れている。2015年にはナイジェリアで「ミス・カネカロン」イベントを開催。カネカロン製の付け毛を付けた女性3000人以上が応募し、トップ3に入選した女性たちは1年間、カネカロンブランドのアンバサダーとして多方面でPR活動を行った。今後は、アフリカ全土に「ミス・カネカロン」イベントを拡大していく。

カネカのパートナーであるケニアのウィッグメーカーは、従来から現地の美容師学校を支援しており、カネカがサポートしている。「カネカロンの品質と魅力をエンドユーザーに届けるためには、正しい知識と技能を身につけた美容師を、より多く社会に送り出していくことも重要だ」（カネカ）。

さらに2016年4月には、カネカとして初めてのアフリカ拠点となる駐在員事務所をガーナに開設した。サブサハラにおけるカネカロン事業の一層の拡大をサポートするとともに、その他の事業についても市場調査し、ビジネスチャンスを探る。

資源価格低下や通貨安などアフリカ経済にマイナスの風が吹いているが、カネカロン製の付け毛の売り上げは伸びている。付け毛はアフリカ女性にとって贅沢《ぜいたく》品ではなく、必需品だ。カネカロン製付け毛に魅了されたアフリカ女性は、今後もこれを使い続けるだろう。経済発展と人口増加で需要は拡大する一方だ。

アフリカの食生活向上に貢献

レオン自動機は和菓子製造機械を主力とする食品機械メーカー。包あん機（自動でまんじゅうを製造する機械）や製パン機の国内シェアが高い。世界で初めてクロワッサンの大量生産機械を開発し、アメリカでは高級品だったクロワッサンを大衆商品にしたことで有名。

創業6年後の1969年から海外展開を開始し、1974年にアメリカとドイツに支社を設立した。アフリカはドイツ支社がカバーしている。これまでアフリカでは13ヵ国に納入実績がある。特にエジプトが多く、名物のマムール（なつめやしの実が入ったクッキー）の生産用に同社の機械が使用されている。

また、ナイジェリアとコンゴ民主共和国では同社の「ホットドッグ生産ライン」が販売されている。ちなみにナイジェリアのパン工場では、毎時2万4000本のホットドッグの生産が可能だ。ナイジェリアとコンゴ民主共和国で同社の機械の評判が良いことから、アルジェリア、リビア、モロッコなど北アフリカからの注文が増えている。

同社の長所は装置メーカーではあっても、決して売りっ放しにはしないこと。機械を引き渡した後も原材料の配合法や製造法から、新商品の提案、関連商品の国際トレンドまで、情報やノウハウなどソフト面のサービスを提供している。（アフリカ進出企業については『アフリカ進出戦略ハンドブック』〈東洋経済新報社〉が参考になる）

（2）もうすぐインドの人口が世界1位に

高知県からインドへ

フロンティアといえばインドも忘れるわけにはいかない。日本の8・7倍の国土に13億1000万人が住んでいる。国連の予想ではインドの人口は2022年までに約14億人に達して中国と同水準となり、その後さらに増え続けて中国を上回る。2030年にはインドが15・3億人に対して中国が14・2億人に、2050年にはインドが17・1億人に対して中国は13・5億人だ。

識字率は7割程度にとどまっていて、95％超の中国との差は大きいが、インド工科大学は、マサチューセッツ工科大学を超えたといわれるほど優秀な人材が豊富だ。

民主的な選挙が必ず行われる法治国家であるし、公用語はヒンディー語だが準公用語は英語。日本との間に歴史的な確執のない親日国だ。インドにはこれから日本企業が活躍するチャンスが満ちている。

農業機械部品メーカーの**太陽**（非上場）は、トラクターや耕運機に取り付ける金属製の爪「耕うん爪」の大手メーカー。国内シェアは4割で本社所在地は高知県。日系農業機械メーカーとして初めてインドに進出。現地に工場を建設し、インドを拠点にアジア、中東、欧州、アフリカ市場への販路拡大を目指している。

同社は1920年に高知市で農具や刃物の卸売りからスタートした。全国トップクラスのシェアを占める耕うん爪を中心に、刃物類や野菜袋詰め機、野菜洗浄機などの製造販売を行っている。

国内農業の衰退で「耕うん爪」の需要が減少傾向にあることなどから、海外進出を決意。2013年4月にインドに現地法人「太陽インディア」を設立し、2014年9月にデリー郊外のニムラナ工業団地（ラージャスターン州）で製造を開始した。

同社は海外進出先として中国やASEANなども調査した。その結果、中国は価格競争が厳しく、タイは市場が小さく、インドは農地面積の割に収穫量が少ないことがわかった。インドの農地面積はアメリカに次ぐ世界2位の広さだが、機械化が遅れているため生産能力が低いのだ。今後、農業機械市場が拡大する余地は大きい。

進出にあたって鋼材仕入れで取引のある三井物産にさまざまな支援を受けたほか、現地調査ではジェトロのアレンジで企業訪問や農家訪問を行った。

操業を始めた２０１４年度のインド売上高は約３０００万円だったが、２０１５年度は10倍の３億円。２０２４年度までには20億円にする目標だ。

第３工場建設中の機械メーカー

日精エー・エス・ビー機械（日精ＡＳＢ）はペットボトルを製造する機械と金型を生産する企業。ペットボトル製造機械の生産台数は世界首位だ。国内とインドに生産拠点があり、インド工場をグローバル拠点として、生産から出荷までを手掛けている。インドを中心とした南・西アジア地区の売上高が全体の36％を占める。ちなみに日本国内の売上高は11％に過ぎない。

日本国内の飲料に初めてペットボトルが採用されたのは１９７７年だが、日精ＡＳＢが長野県に設立されたのは１９７８年。約40年間ノウハウを積み重ねており、技術力の高さで他社の追随を許さない。特許などの知的財産権は614件もある。

日精ASBがインドに現地法人を設立したのは1997年。人手のかかるペットボトル製造機械の生産をいつまでも日本国内で続けるわけにはいかないと判断した。中国ではなくインドに着目したのは、優秀な人材を確保できて準公用語が英語だったからだ。

進出当初は環境の違いからインド法人は大赤字となり、連結決算も営業赤字が続いた。取引銀行からはインド撤退を勧告されたほど苦しい状況だった。しかし、2001年になんとか生産を軌道に乗せると、連結営業利益は急激に回復していった。

現在はインドで第3工場を建設中だ。工場面積は2万㎡で総投資額は47億円。2017年度の稼働開始を目指している。

ペットボトルが出始めた頃は用途が飲料に限られていたが、その後は化粧品、薬、ワイン、調味料、油などへ用途が拡大してきた。数年前にはそれまでガラス瓶に詰められていたピクルスがペットボトルに詰められて販売されるようになった。今後、用途はさらに拡大していくだろう。インド経済の発展とペットボトル需要拡大の相乗効果で日精ASBの業績は拡大していく。

自動車部品などに使う潤滑油で国内トップの**協同油脂**（非上場）はインドでの販売を強化する。同社は2016年4月に、同業のカールベッケム社と合弁でデリー郊外（ハリヤーナー州）に販売会社「ＫＹＩ」を設立した。これまでは協同油脂がインドへ輸出したグリースを現地の代理店が販売していたが、今後はＫＹＩが販売する。当面は現地の日系自動車部品メーカーへ販売するが、徐々に日系メーカー以外への販売も増やす。現地のグリース事情を把握し、販売ノウハウを蓄積していけば生産拠点の設置も現実的になるだろう。

インドは経済と人口の伸びによって自動車市場が拡大している。２０１５年度の新車販売台数は３４７万台だったが、２０２０年度には６００万台を超えるとの予想もある。インド市場開拓で協同油脂の売り上げ拡大が期待される。

（３）宇宙ビジネスに参画する日本企業とは

「宇宙活動法」でビジネスが加速

アフリカもインドもフロンティアだが、究極のフロンティアといえば宇宙だろう。無限といえる巨大な空間が広がり、わからないことが多いが、それは可能性の裏返しともいえる。

２０１６年11月、宇宙ビジネス拡大を目指す「宇宙活動法」と商業衛星による画像の利用や管理を規制する「衛星リモートセンシング法」が成立した。これによって、多くの民間企業が宇宙ビジネスに参入することになる。

これまで日本では国が中心となって宇宙開発事業を進めてきた。Ｈ２ＡやＨ２Ｂといった主力のロケットは宇宙航空研究開発機構（ＪＡＸＡ）が開発し、三菱重工業に製造と打ち上げを委託してきた。他の企業が独自にロケットを打ち上げることは認められていなかった。

宇宙活動法が成立したことで国の審査をクリアすれば、三菱重工業以外の企業でもロケットの打ち上げができることになった。事故に備えて事業者は損害賠償保険に加入することが義務付けられたほか、保険でカバーしきれない場合には国が賠償金の一部を負担することが決まった。

アメリカでは大型ロケットの打ち上げを民間企業が行うし、ベンチャー企業が安価なロケット打ち上げ事業に参入して実績を上げている。日本もやっとアメリカと同じ条件で宇宙事業に取り組む環境が整った。

すでに**キヤノン電子**が宇宙関連事業に乗り出しているほか、**エイチ・アイ・エス**と**ＡＮＡホールディングス**が宇宙船開発ベンチャーの**ＰＤエアロスペース**（非上場）に出資した。今後、こうした動きが活発になっていくだろう。

意外な企業がロケット部品を製造

ジャスダック上場の**ニチダイ**は精密金型の開発・製造・販売などを行っている。主に自動車向けの精密鍛造金型を手掛けているが、ロケットの心臓部ともいえる燃料タンク用のフィルターも製造している。１９８０年には、現在のＪＡＸＡの前身である東京大学宇宙研究所と国産ロケット部品の共同開発をスタート、２００１年には同社の液体燃料フィルターが搭載されたＨ２Ａロケット１号機が打ち上げられた。その後もＨ２Ａロケット用の部品製造を継続している。

櫻護謨《さくらごむ》は消防・防災関連などのゴムホースを製造するメーカー。実は航空・宇宙関連企業でもあり、国産ロケットに搭載されるメインエンジンの配管も手掛けている。

また、航空・宇宙機器用高性能ゴム、金属部品の製造も行う。同社の工場は航空自衛隊やボーイング社の認定工場となるなど、その技術力は高く評価されている。

日本アビオニクスはＮＥＣの子会社で防衛用電子機器の大手メーカー。護衛艦・潜水艦の情報表示装置や指揮統制システム部品などを製造している。プリント配線板は１９７３年に日本で初めて宇宙開発事業団（現ＪＡＸＡ）の認定メーカーとなり、その後40年以上にわたって日本の宇宙開発プロジェクトの一翼を担ってきた。

プリント配線板の開発製造のすべてを山梨工場で行っていたが、リニア中央新幹線の軌道（地上）が工場の建物とぶつかってしまうため、工場を閉鎖することにした。別の場所に新工場を建設するのは資金負担が大きすぎるため、プリント配線板事業の継続をあきらめて**沖**

電気工業へ事業移管することにした。2018年3月までに沖電気グループの**沖プリンテッドサーキットとOKIサーキットテクノロジー**への事業移管が終了する。

沖電気工業は1965年から宇宙・航空・計測機器向けを中心としたプリント配線板の製造を行ってきた。今回の事業移管で沖電気工業の宇宙関連ビジネスは一段と強化される。

日本航空電子はNEC系の精密電子機器、部品メーカー。航空機用の電子機器製造を目的に設立された。宇宙関連ではロケットの姿勢を精密に測定するジャイロや加速度を検知する加速度計を手掛けている。

ロケットの1段目に搭載される加速度計は、ロケットが横風で流される際の加速度を検知する。2段目に搭載される加速度計はロケットの方位角計測と飛行中の機体運動を計測する。人工衛星切り離しの瞬間まで計測は続き、人工衛星の軌道投入に大きな影響を与える。

また、無重力環境での各種実験プログラムにも参画していて、実験装置やユニットの設計製造も行っている。

火薬技術をベースに燃料を開発

カーリットホールディングスはロケットの固体燃料の原料となる「過塩素酸アンモニウム」を日本で唯一製造している。1916年に旧浅野財閥の創業者である浅野総一郎がスウエーデン・カーリット社から爆薬の特許権を取得し、横浜で製造に着手したのが同社のはじまり。主力の化学品事業の中心は産業用爆薬や自動車用緊急発炎筒。特に自動車用緊急発炎筒は国内断トツのシェアを誇る。

宇宙産業のさらなる発展のためには、ロケットに使用される燃料の高性能化と低価格化が必要だ。燃料開発では危険物を取り扱う知識と経験が不可欠。カーリットホールディングスは長年培ってきた火薬の製造ノウハウをもとに燃料の高性能化を進めることができる。

現在、新型の高性能燃料の開発に取り組んでおり、２０１８年に実用化、２０１９年度に製品化して年間売上高を２億円、２０２４年度には30億円にする計画だ。

同じく燃料関連では**日油**に注目。油脂化学の企業としてスタートし、油脂技術をベースとして食用・工業用油脂、化成品、化薬などへ事業を拡大させてきた。

日本の宇宙開発は１９５５年のペンシルロケットの打ち上げから始まった。日油はこのペンシルロケットへの燃料供給を皮切りに、その後ずっと日本で打ち上げられたロケットへの燃料供給を続けている。

ロケットモーターの点火や、衛星とロケットの分離では火薬が使用されるが、その火薬を製造しているのも日油だ。同社は１９５７年から火工品と呼ばれるロケット用の火薬の製造を開始。１９７０年の国産人工衛星第1号「おおすみ」の打ち上げ成功に関与したほか、小惑星探査機「はやぶさ」には同社の火工品が33個も使用されるなど、日本の宇宙事業発展に大きく貢献している。

東大発ベンチャーが活躍

ＪＡＸＡは次期基幹ロケットＨ３の開発を進めている。計量・計測機器メーカーの**エー・アンド・デイ**は２０１６年に、Ｈ３用1段エンジンの燃焼試験設備用の計測設備を受注した。

種子島宇宙センターのロケット試験場において、エンジンの燃焼試験の際に必要とされる情報（圧力、加速度、温度など）を現場で採取し、デジタル化してから計測・制御室へ送る。従来はアナログのままデータ送信していたが、新設備ではデジタル化されるので時間とコストを削減できる。

こうしたシステムは日本アビオニクスの工業計測機器部門が手掛けていたが、２０１５年にエー・アンド・デイが日本アビオニクスから事業譲渡を受けた。エー・アンド・デイは早速、事業譲受から短期間のうちに新規受注という成果を上げたことになる。この計測設備は、他の試験設備や実験室においても使用が可能であり、積極的に拡販を進める方針だ。

セックは東大発のベンチャー企業。１９７０年に大学院生３人で作ったリアルタイム技術の会社だ。

リアルタイム技術とは聞き慣れない用語かもしれない。スマホをかざしてコンビニで支払いをする、自動車を運転していて車線を外れそうになったら自動的に車線内に戻す、といったことを可能にする技術をリアルタイム技術と呼ぶ。

利用者の指示や状況の変化に対応して、コンピュータに処理を実行させるリアルタイムソフトウェアを提供するのが同社の事業だ。

創業の翌年に「ロケットエンジン高空性能試験システム」を受注。それ以来、社会インフラ、宇宙、モバイルといった最先端分野を対象にソフトウェアを開発し続けてきた。特に宇宙分野での輝かしい実績が目立つ。

同社のＨＰには「科学衛星・惑星探査機搭載システム」「国際宇宙ステーション日本実験棟関連システム」「天体望遠鏡制御システム」といった過去の実績がびっしりと掲載されている。これらの実績を見れば、今後の日本の宇宙事業において、同社がいかに重要であるかがわかる。

宇宙関連以外では、ロボットや自動車の自動運転関連も手掛けているし、防衛省向けの案件も多いようだ。どれも最先端分野であり、大きな成長が予想される。

超小型ロボットが月で水を発見か

ＪＩＧ－ＳＡＷはクラウドやサーバーを対象としたマネジメントサービスを展開する企業。同社は宇宙開発企業のｉｓｐａｃｅ（非上場）と宇宙空間での資源探査を目的とした「宇宙群ロボット」の共同研究を行っている。

宇宙群ロボットは自律的に動く多数のロボットから構成される。中央コンピュータの指示ではなく、ロボット自身が他のロボットとの距離や速度を判断しながら移動し、ロボット同士や障害物とも衝突せずに資源探査を行う。

これまでの大型探査機による探査では、探査場所が限定的であることが問題だったが、「宇宙群ロボット」によってこの問題が解決される。

ｉｓｐａｃｅは月面など宇宙空間における小型探査ロボットの開発技術を持ち、グーグル主催の月面探査レースに参加するチーム「ＨＡＫＵＴＯ」を運営している。ＪＡＸＡと昆虫型ロボットの共同研究も行っている。

一方、ＪＩＧ－ＳＡＷは自律協調制御技術、センシング技術、信号処理技術、データコントロール技術及び分散型ネットワーク技術などを持つ。この2社は分散した1000台規模の超小型ロボットが協調制御を行う宇宙群ロボットの開発に取り組んでいる。

複数のロボットを分散して動かすことで、探査領域が広がる。また、センシング、通信、運搬、マッピング、カメラなどの機能分散で探査システムが多機能化する。台数が多いので、一部のロボットが故障しても他のロボットで補うことができる。

宇宙群ロボットによる探査が実現すれば、水資源の存在が予想されている月の極地点にある永久影クレーター内部や月面の縦穴など、これまでの探査ロボットでは探査しきれなかった未踏破領域の詳細な探査が可能になる。

宇宙群ロボットの開発では、月面での水資源探査が重要なテーマになる。月で大量の水資源を発見できれば、地球から水を運搬することなく、月面上で飲用や植物栽培の水が確保できる。さらに水素と酸素に分解することで呼吸用の酸素やロケット燃料を確保できる。

実はとても危険な「宇宙ゴミ」

日東製綱は漁網の大手メーカー。1925年に結び目のない漁網「無結節網」を世界で初めて開発するなど技術力には定評がある。鳥獣害防止ネットやスポーツ施設で使用される防球ネットなども製造している。一言でいえば網を作る企業なのだが、意外なことに宇宙関連企業でもある。

宇宙空間にはロケット部品や故障した衛星などの宇宙ゴミ（スペースデブリ）が数多く高

速で漂流している。人工衛星がスペースデブリに衝突するとたいへん危険だ。また、スペースデブリ同士が衝突すればさらに多数のスペースデブリが拡散する。スペースデブリを回収しなければ、人類が宇宙空間を利用することが不可能になってしまう。衛星が使用できなければGPSを利用できないのはもちろん、衛星放送を見られないし、詳細な気象観測も不可能だ。

旧ソ連が1957年にスプートニク1号を打ち上げて以来、世界各国で4000回を超える打ち上げが行われた結果、地球上空には10㎝以上のスペースデブリが2万個以上、1㎜以上のものに至っては1億個以上あるといわれている。しかもスペースデブリは秒速8㎞という超高速で移動しているので非常に危険だ。

実際に人工衛星とスペースデブリの衝突事故は起きている。2013年1月、ロシアの小型衛星BLITSにスペースデブリが衝突し使用不能になった。同年5月にはエクアドルの超小型衛星ペガソが、旧ソ連のロケットが原因と見られるスペースデブリと衝突して制御不能となった。

日東製網は網の製造技術を活かしてJAXAと共同でスペースデブリを回収する「導電性網状テザー」の開発に取り組んでいる。また、**東京都市大学**、**東急建設**と共同で、月面上で月の砂を使用したレンガ状の建設資材を生産する技術の研究も行っている。

次に紹介するのはスペースデブリ除去のベンチャー企業、**アストロスケール**だ。同社は2017年中に、スペースデブリ観測衛星を世界で初めて打ち上げる予定だ。観測衛星の打ち上げでは、切削工具メーカーの**オーエスジー**がメインスポンサーとなり、費用の大半を負担する。観測衛星の名称には「IDEA OSG 1」とスポンサー名が入っている。

2018年にはスペースデブリ捕捉衛星「ADRAS 1」を打ち上げる。スペースデブリをロボットアームでつかむ、投網の要領でネットをかぶせる、などさまざまな方法を検討したが、最終的にはハエ取り紙のように粘着剤でくっつけるという方法を採用することにした。ロボットアームやネットで捕まえるのは難しいが、ハエ取り紙方式ならばどこかに当たりさえすればくっつくので成功率は格段に高くなる。しかもロボットアームは重いが、粘着剤は軽量なので作業コストが抑えられる。

スペースデブリを捕獲した後は、高度を下げ、大気圏に突入させて摩擦で燃やす。ちなみにこの粘着剤は国内の企業と共同で開発した。

同社は元大蔵官僚の岡田光信氏が2013年に設立。本社をシンガポールに置く一方、2015年に衛星の研究開発拠点を東京に開設した。設立から年数があまり経過していないが、2015年にはハーバード・ビジネス・スクールの教材に取り上げられた。

エレベーターで宇宙へ

第一章で触れた「宇宙エレベーター」について述べよう。SF小説やアニメ「機動戦士ガンダム」に出てくるので、名前ぐらいは聞いたことがあるかもしれない。宇宙エレベーターとは地上と宇宙をエレベーターでつなぐ輸送機関。地上から天へと伸びる塔のようなものだ。

想像の世界の話と思われるかもしれないが、理論的には実現可能だ。宇宙開発事業では、まずロケットを打ち上げなければならないが、ロケットには墜落や爆発の危険が伴うし、大気汚染も引き起こす。宇宙エレベーターにはこれらのリスクはない。また、ロケットを操作する宇宙飛行士の養成には莫大な費用と時間がかかるが、宇宙エレベーターに宇宙飛行士は必要ない。宇宙エレベーターが実現すれば、ロケットに依存していた宇宙開発が大きく飛躍する。

地球を回る人工衛星は、地球の重力で下へ引っ張られる力と、遠心力で上に飛び出そうとする力が釣り合っているため、高度を維持して周回し続けることができる。このうち赤道上の高度約3万6000㎞を回る人工衛星は、周期が地球の自転と同じで、地上からは静止しているように見えるため「静止衛星」と呼ばれる。

この静止衛星から、地上へ向けてケーブルを垂らすとケーブル分が重くなり、地球の重力に引かれて落下してしまう。そこで、反対側（衛星の上）にもケーブルを伸ばしてバランスをとれば、衛星は静止軌道の高度を維持して回り続けられる。

次に、下向きのケーブルをさらに伸ばす。重さが偏るので再び反対側も伸ばす。これを繰り返していくと、下へ伸ばしたケーブルはやがて地上に到達し、地上と宇宙が結ばれる。このケーブルにクライマーと呼ばれる昇降機を取り付け、人や物資を輸送できるようにしたものが宇宙エレベーターだ。

新素材の発見で夢が現実に

原理は簡単なのに実現しないのは何故か。それはケーブルを作る素材がないためだ。ケーブルは強靭かつ軽量でなければならない。ケーブルには大きな張力が働くので、それに耐えられなければならない。静止衛星から地上までは3万6000㎞もある。吊り橋を支えるようなケーブルならば、ケーブル自体の重みで地上に到達する前に切れてしまう。

ところが、先述の通りNECの飯島澄男博士が1991年に「カーボンナノチューブ」（CNT）を発見したことで、宇宙エレベーターの建設が現実味を帯びてきた。CNTはアルミニウムの半分という軽さ、鋼鉄の20倍の強度を持つことから、宇宙エレベーターに使用できると期待されている。

２０００年にＮＡＳＡの依頼でロスアラモス国立研究所のブラッドリー・Ｃ・エドワード博士が、宇宙エレベーターの実現可能性について体系的な研究を行った。その結果は「十分な軽さと強さを持つ材料が開発されれば、宇宙エレベーターは建設可能である」というものだった。アメリカでは宇宙エレベーターの建設を目的とした会社が設立されている。

宇宙エレベーターが実用化されれば、樹脂、金属、セラミックス、フィルムといった高機能素材の実験や製造を無重力空間で行うことが容易になる。新たな素材や技術の発見につながるだろう。

また、宇宙での太陽光発電が実用化する。宇宙太陽光発電とは、静止衛星が太陽光を集めることで得たエネルギーをマイクロ波やレーザー光に変換して地上に送るというもの。地上の太陽光発電では、夜間は発電できないし、天候に大きな影響を受ける。また、パネル設置のために広大な土地が必要だ。

しかし、静止軌道上であれば、天候や季節、昼夜に左右されることなく太陽光が照りつけるので、効率よく太陽光エネルギーを集めることができる。宇宙空間は広大なので巨大なソーラーパネルを広げられる。

宇宙エレベーターができあがれば、一般人でも宇宙旅行に行けるようになる。もし今、一般人が宇宙旅行をしたいと思ったら、**KNT－CTホールディングス**の孫会社**クラブツーリズム・スペースツアーズ**に申し込むしかないだろう。

クラブツーリズム・スペースツアーズはイギリス、**ヴァージングループ**の宇宙旅行会社**ヴァージン・ギャラクティック**と提携し、宇宙旅行を日本国内で独占販売している。

宇宙旅行とはいっても到達点は地上100～110㎞。静止衛星が位置する3万6000㎞と比べるとかなり地球に近い。発射してから地上に戻るまでの所要時間は約1時間半だが、無重力空間に滞在できるのはわずか4分。旅費は一人当たり25万ドル（約2750万円）もする。しかも単にロケットに乗っていればいいのではなく、搭乗前に3日間の訓練を受けなければならない。

宇宙エレベーターがあればロケットを発射しなくて済むので、宇宙旅行のコストは大幅に低下するし、訓練を受ける必要もなくなる。

宇宙エレベーターの実用化にあたっては、さまざまな多くの企業が関与するが、注目は**大林組**。同社は2012年に宇宙エレベーター建設構想を発表した。それによれば2050年に運用開始が可能ということだ。

最後のフロンティアで活躍する企業

〈アフリカ〉	
ビィ・フォアード	越境ECサイトによる中古車輸出を手掛けている。販売台数のうち7割がアフリカ向け。
ユー・エス・エス	中古車オークション会場を運営。業界で断トツ。通信衛星TVオークションも展開。
パルスター	オートバックスセブンのグループ会社。エンジンオイルなどを卸売販売している。
エスビーティー	1993年の創業で、世界120ヵ国以上に中古車を輸出。中古オートバイの輸出もしている。
トラスト	東証２部上場。世界各国に中古車を輸出しているが、総台数の約４割がアフリカ向け。
アガスタ	カーチスホールディングスの子会社。中古車を年間約1000台アフリカに輸出。
カーチスホールディングス	東証２部上場。中古車買い取り大手。大型展示場での中古車販売も手掛ける。
会宝産業	自動車中古部品の卸売会社。アフリカで中古部品の品質表示規格を作った。
イースクエア	環境コンサルティング会社。会宝産業と自動車リサイクル事業の準備調査を行った。
住友ゴム工業	ダンロップタイヤの販売権を持ち、アフリカ全域で販売できる。南アフリカで新工場建設中。
エアロセンス	ソニーと自動運転技術開発のZMPの合弁会社。
八千代エンジニヤリング	総合建設コンサルタント。ザンビアでドローンによる物流網整備に関与。
ZMP	自動運転技術やロボット開発を進めるベンチャー企業。
関西ペイント	国内総合塗料トップクラス。アフリカでM&Aに積極的。全売上高の約１割がアフリカ向け。
長崎大学熱帯医学研究所	関西ペイントの塗料「アレスシックイ」に抗ウィルス効果があることを実証した。
住友化学	総合化学大手。防虫剤を練り込んだ蚊帳でアフリカの人々をマラリアから守る。
カネカ	準大手の化学メーカー。カネカの合成繊維「カネカロン」から作った付け毛が大人気。
レオン自動機	和菓子製造機械を主力とする食品機械メーカー。これまでアフリカでは13ヵ国に納入実績。
〈インド〉	
太陽	トラクターや耕運機に取り付ける金属製の爪「耕うん爪」の大手メーカー。本社は高知県。
日精エー・エス・ビー機械	ペットボトル製造機械の生産台数は世界首位。1997年にインドで現地法人を設立。
協同油脂	自動車部品に使う潤滑油で国内トップ。インドで同業者と合弁会社を設立し販売強化。

〈宇宙〉	
キヤノン電子	2017年1月のミニロケット打ち上げは失敗したが、今後も宇宙関連事業に注力。
エイチ・アイ・エス	国内3位の旅行会社。PDエアロスペースに出資して宇宙ビジネスに進出。
ANAホールディングス	国内首位の航空会社。PDエアロスペースに出資して宇宙ビジネスに進出。
PDエアロスペース	宇宙船開発のベンチャー。エイチ・アイ・エスとANAホールディングスから出資を受けた。
ニチダイ	精密金型の開発・製造・販売などを行う。ロケットの燃料タンク用のフィルターも製造。
櫻護謨	ゴムホース製造会社だが、国産ロケットに搭載されるメインエンジンの配管も手掛けている。
日本アビオニクス	NECの子会社。護衛艦・潜水艦の情報表示装置や指揮統制システム部品などを製造。
沖電気工業	1965年から宇宙・航空・計測機器向けのプリント配線板を製造してきた。
沖プリンテッドサーキット	日本アビオニクスから宇宙関連のプリント配線板事業を譲受。
OKIサーキットテクノロジー	日本アビオニクスから宇宙関連のプリント配線板事業を譲受。
日本航空電子	NEC系列。ロケットの姿勢を精密に測定するジャイロや加速度を検知する加速度計を製造。
カーリットホールディングス	ロケットの固体燃料の原料となる「過塩素酸アンモニウム」を日本で唯一製造。
日油	1955年のペンシルロケットの打ち上げから、ずっとロケットへの燃料供給を続けている。
エー・アンド・デイ	計量・計測機器メーカー。H3用1段エンジンの燃焼試験設備用の計測設備を受注。
セック	東大発のベンチャー企業。「国際宇宙ステーション日本実験棟関連システム」などに関与。
JIG-SAW	ispaceと宇宙空間での資源探査を目的とした「宇宙群ロボット」の研究を行っている。
ispace	月面資源開発の事業化に取り組んでいる。グーグル主催の月面探査レースに参加予定。
日東製網	漁網の大手メーカー。JAXAと共同でスペースデブリを回収する網の開発に取り組んでいる。
東京都市大学	旧名は武蔵工業大学。月面で月の砂を使用したレンガ状の建設資材を作る技術を開発中。
東急建設	日東製網や東京都市大学と月面で月の砂を使用したレンガ状の建設資材を作る技術を開発中。
アストロスケール	スペースデブリ除去のベンチャー企業。ハエ取り紙方式でデブリを回収する。
オーエスジー	切削工具メーカー。アストロスケールが打ち上げる観測衛星のメインスポンサー。
KNT-CTホールディングス	近鉄系の旅行会社で業界2位。持ち株会社で傘下にクラブツーリズムがある。
クラブツーリズム・スペースツアーズ	クラブツーリズムの100%子会社。ヴァージン・ギャラクティックと提携し宇宙旅行を販売。

ヴァージングループ	航空、鉄道、金融、通信、旅行、出版など幅広い事業を手掛ける巨大な多国籍企業。
ヴァージン・ギャラクティック	ヴァージングループに属する、世界で最初の商業的な宇宙旅行会社。本社はアメリカ。
大林組	2012年に宇宙エレベーター建設構想を発表。それによれば2050年に運用開始可能。

第四章　世界を食糧危機から救う企業

(1) 植物工場で作った野菜を食べる

人口増加と環境汚染を克服

2016年に国内で生まれた日本人の赤ん坊の数は98万1000人。内閣統計局が統計を取り始めた1898年以降、出生数は初めて100万人を下回った。驚くような早さで日本の人口減少が進んでいるが、世界全体では人口減少どころか大爆発といった状況だ。

2011年に70億人を突破した世界人口は、2015年には73億人に達し、国連の予想では2050年に97億人になる。人口急増で一番懸念されるのが食糧危機だ。現在よりも24億人も人口が増えた場合に食糧は足りるのだろうか。

とにかく食糧増産に取り組まなくてはならないが、そこで問題なのが天候不順と環境悪化だ。国内では、冷夏、暖冬、季節外れの台風、ゲリラ豪雨などが農産物の育成を妨げている。新興国では経済成長に伴って大気汚染や水質汚濁が深刻化しており、農業にはマイナスとなっている。

人口増加と環境汚染を克服して食糧を増産するためには、植物工場での作物栽培が有効だ。

植物工場とは、農産物を生産する工場のこと。屋外で行われる露地栽培とは異なり、工場内の温度、湿度、光、二酸化炭素濃度などを自動制御装置で最適な状態に保ち、種まきから収穫までを計画的に一貫して行う。

一概に植物工場といっても、完全に閉鎖された屋内で、太陽光を一切利用せずに蛍光灯やLEDを使って栽培する「人工光型」と、普段は太陽光を利用しつつ雨天・曇天時の補助として人工光を活用する「太陽光利用型」の2種類がある。ここでは「人工光型」を中心に紹介していく。

植物工場の5つのメリット

人工光型の植物工場で作物を作るメリットは5つある。

まず1つめは安全性が高いこと。外部と遮断されているため病原菌や害虫の侵入がない。よって、それらを予防・駆除するための農薬の散布が不要だ。植物工場は水耕栽培なので、どんな水や養分を使用したのかが明確にわかる。露地栽培では土の中にどんな成分が含まれているのかよくわからない。作物のトレーサビリティが保証されているといえる。

病気がなく、農薬も土も付いていないので、洗浄せずに食べることができる。手間と水道代の節約にもなるのだ。

2つめは外部環境に影響されず安定的に収穫ができること。冷夏や暖冬、台風などの気象変動の影響を受けることがない。最近は天候不順の年が多いが植物工場ならば心配ない。病気や害虫の発生にも悩まされることもない。人工的に環境をコントロールするので、工業品のように形や味が一定の作物を作ることができる。外食チェーンや食品スーパーは形と大きさが均一なものを求めているので、こうした産業向けに出荷するのに適している。

3つめは栽培効率がいいこと。土壌栽培ではなく、水耕栽培なので連作障害が起きない。毎年、同じ場所に同じ野菜を栽培することを連作という。そうすると、その野菜に害を与える病原菌や虫が多くなったり、土中の養分が不足したりして野菜の生育が悪くなる。この現象を連作障害というが、連作障害を避けるためには少なくても数年に一度はわざと違う作物を作らなければならない。土壌改善のために、本当に作りたい作物を作れず効率が悪い。

水耕栽培では水を取り替えてしまえば、同じ作物を連続して何回でも栽培できる。しかも光の強度や日照時間、温度、湿度、液体肥料の成分などをコントロールすることで、栽培期間を短くすることも可能だ。作物によっては、二毛作どころか十毛作も夢ではない。野菜価格の高い時を狙って大量に栽培すれば利益が上がる。

さらに諸条件をコントロールすることで味や栄養成分を調整できる。美味しくて栄養価の高い野菜を作る条件を確立してしまえば、同じ野菜を何回でも作ることができる。露地栽培のように外部環境に左右されない。

4つめはどこでも農業ができること。農地関連の規制が緩和されつつあるが、それでも農地を購入して農業を始めるにはさまざまな制約がある。しかし、植物工場ならばどこに作ろうが事業者の自由だ。また、敷地が狭くても作物を栽培するトレーを棚状に積み上げれば多くの野菜を収穫できる。露地栽培に比べて土地の利用効率は極めて高い。

5つめは農業知識が乏しいパート・アルバイトでも作業ができること。露地栽培で役立つ農業技術を身につけるのは時間がかかる。しかし、工場栽培では決まった作業をマニュアル通りにこなすだけなので未経験者でも作業できる。機械化されているので体力的な負担は小さい。

植物工場の普及は国策

一方、植物工場を運営するうえでの課題もある。まず工場建設のための費用が高い。病原菌や害虫の侵入を防ぐためには半導体製造のクリーンルーム並みの設備を用意しなければならずイニシャルコストはかなり重い。さらに電気代が高いため、ランニングコストも負担だ。

技術的にはさまざまな野菜を生産できるが、露地栽培よりも高コストなので、実際は利益率の高い作物しか作れない。

植物工場の普及には課題が多いが、フォローの風も吹いている。国が国策として植物工場を支援しているのだ。２００８年に「新経済成長戦略」が閣議決定されて植物工場の普及拡大が明記された。これを受けて２００９年には経済産業省と農林水産省が共同で「農商工連携研究会植物工場ワーキンググループ」を発足させた。政府は２００９年度の補正予算で１５０億円の補助金を計上して以来、財政支援を続けている。

また、ＬＥＤ電球の価格が下がり続けていることも植物工場普及を後押しする。２００９年にはＬＥＤ電球の市場平均価格は６０００円を超えていたが、現在では１０００円割れのものも販売されている。

２００９年には全国の植物工場数は約50ヵ所だったが、２０１６年２月時点では１９１ヵ所まで増加した（日本施設園芸協会調べ）。

半導体工場からの転用

富士通は１９８４年から福島県の会津若松工場で半導体を生産しているが、２０１３年に半導体クリーンルームを植物工場に転用してレタス栽培を開始した。富士通グループ全体での取り組みではあるが、直接担当しているのは**富士通ホーム＆オフィスサービス**（非上場）。植物工場の面積は２０００㎡で、通常のレタスよりもカリウム含有量が5分の1のレタスを栽培している。

なぜ、低カリウムレタスなのか。実は腎臓病患者は生野菜をあまり食べることができない。腎臓に障害があると、カリウムを排出することが困難になり体内に蓄積される。カリウム濃度が上昇すると不整脈や血圧低下などを引き起こす。腎臓病患者はサラダを楽しんで食べることができないが、富士通のレタスならば安心して食べられる。国内には腎臓透析患者が30万人、慢性腎臓病患者は１３００万人もいるので、低カリウムレタス市場は大きい。

富士通のレタスは苦みやえぐみが抑えられ、甘みがあるので子供でも食べやすい。また、噛んだ時のサクサク感が評価されて国内の大手有名ホテルのサンドイッチにも採用されている。

雑菌が極めて少ないことから腐食の進行が遅く、冷蔵庫に入れておけば2週間以上保つ。家庭でも重宝されているが、長期航海をする豪華クルーズ船に積み込まれてもいる。今後は飛行機の機内食などにも採用されるだろう。

この工場は富士通が半導体製造で培ったロット管理、品質管理、原価管理の考え方を農業に適用し、ＩＴで栽培環境と作物品質の関連をチェックしながら生産を進めている。

栽培技術は**秋田県立大学**の特許がベースになっており、種をまいてから収穫するまで45日かかる。露地物レタスより時間がかかるのはカリウムを低減するのに時間がかかるためだ。今後は露地物並みに1ヵ月で収穫することを目標にしている。

生産量は一日当たり3500株で、同じ面積の露地栽培に比べて25倍の収穫がある。値段は200gで1620円。富士通のレタスが通常の農産品ではなく、「工業品」だと感じるのは、レタスを入れたビニール袋の後ろを見たときだろう。工場生産のお菓子などのように栄養成分表示が掲載されていて「熱量14〜16kcal、たんぱく質1・0〜1・1g」などと書かれている。

このレタスは病院、旅館、生協、青果専門店などで販売されているが、ネット通販でも買うことができる。

富士通は農業関連事業を強化していて、今後は静岡県内の植物工場でパプリカやトマトの試験栽培に取り組み、さらに根菜類の栽培も行う予定だ。今のところ、植物工場の設備や備品を販売する予定はなく、作物販売を進めるが、各方面から植物工場の運営について相談が多いという。今後は植物工場運営のコンサルティング業務を展開することもあるだろう。

Panasonicのサラダ

パナソニックは2014年、福島で植物工場を本格稼働させた。工場はデジタルカメラを製造していた建屋を改装したもので、広さは約1600㎡。パナソニックはここでノウハウを蓄積し、植物工場事業に参入しようとする顧客に対して機材と工場運営システムを販売している。

同社によれば植物工場の経営が赤字になる理由は「低い栽培効率」「高いランニングコスト」「低い商品の品質」の3つ。

植物工場では照明からの距離によって温度が大きく違うことがある。温度差があれば均一な作物はできない。場所によって条件が違うために均一な商品を製造できないのでは露地栽培と変わらない。実はこんな「工場」とはいえない工場が実際は少なくないのだという。

そこで、同社は工場内の温度差を1・5℃以内に抑えて、均質な栽培環境を作り上げた。また、場所によって照明が当たらないことがないような工夫もこらした。この結果、歩留まり率95％という高い栽培効率を達成できた。

ランニングコストについてはLEDの使用と特殊空調技術の組み合わせで、蛍光灯使用の工場よりも消費電力を約60％削減できた。大手電機メーカーの技術力の賜物といえる。また、LEDは蛍光灯よりも発熱量が少ないため、作物が長持ちするようになった。

そのほか、異なった60種類の環境での栽培結果を統計処理することで、味や食感をコントロールして美味しい野菜を栽培する技術を開発した。

パナソニックによれば、販路を確保さえできれば工場稼働から7〜8年で投資回収が可能とのこと。

パナソニックはシンガポールでも植物工場事業を展開している。パナソニックの関連会社、**パナソニックファクトリーソリューションズアジアパシフィック**（PFSAP）は、2014年にシンガポールで植物工場を稼働させた。これはシンガポール初の植物工場で、同国の食糧管理動物保護局の認証も受けた。栽培しているのはレタスのほか、ミニ赤大根、バジル、ベビーほうれん草など多品種にわたる。

当初は和食チェーン大戸屋のシンガポール店舗に販売し、2015年からは野菜をサラダに加工してスーパーでも販売している。サラダの商品名は「Veggie Life」。ラベルには「Panasonic」としっかり記されている。サラダと「Panasonic」とはこれまでの常識では考えられない組み合わせだ。

シンガポールは土地が狭いため食糧自給率が低く、野菜のほとんどは輸入に頼っている。輸入のため鮮度が低く、サラダには適さない。また、中国からの輸入となれば残留農薬が心配だ。シンガポール国内の工場で生産した野菜ならば新鮮だし、残留農薬の不安もない。

スーパーでの価格は割高だが鮮度と安全性が評価されて人気があるという。同社はシンガポールの野菜消費量の50％を生産することを目標にしている。

植物工場を中東へ輸出

住宅メーカー首位の**大和ハウス工業**も植物工場ビジネスを手掛けている。同社は2012年に建物と栽培装置がセットになったコンテナ式植物工場の販売を開始した。この植物工場の商品名は「agri－cube」。標準タイプと高級タイプの2種類があるが、標準タイプは幅4・5m、奥行き2・3m、高さ2・5mほどの大きさなので、駐車場1台分のスペースがあれば設置することができる。

大和ハウス工業は、コンテナ式の建物と栽培棚、エアコン、全熱交換機（換気システム）、蛍光灯照明などの機器を組み合わせてユニットにした。また、外の温度や湿度からの影響を小さくするために、床・壁・天井に断熱材を充塡、断熱性能を同社の標準的なユニットハウスの約5倍に向上させた。

同社が生産効率を高めるために独自に開発したのが「照明器具昇降システム」と「養液循環・排水システム」。「照明器具昇降システム」により栽培棚の上部に設置した照明を、手動で上下に動かすことができるので、野菜の生育状況にあわせた照射が可能だ。

水耕栽培の場合、液体肥料を含んだ水のコンディションを保持することが重要。栽培棚ごとに排水経路を設けた「養液循環・排水システム」を導入したことで、栽培棚の清掃が簡単になった。

栽培作物の種類は多く、レタスなどの葉物野菜、パセリやペパーミントといった香味野菜、二十日大根や小カブといった根菜など全部で23種類もある。生産能力は育てる野菜にもよるが、レタスの場合、一日30株、年間約1万株の収穫が可能だ。

「ａｇｒｉ－ｃｕｂｅ」にはのぞき窓をつけられるので、外から栽培状況を見て楽しむことができる。レストランや総菜販売店が導入して収穫した作物を客に提供するだけでなく、栽培の様子を見せながら野菜の安全性をＰＲすることもできるのだ。

昭和電工と**千代田化工建設**、**丸紅**の３社は共同で、植物工場の海外展開を推進している。各社の役割分担として、昭和電工は「ＳＨＩＧＹＯ法」と呼ばれる栽培システムを提供する。千代田化工建設は国内や宇宙ステーションでの栽培実験で培ったノウハウを活用して設計や建設資材調達を担い、丸紅は植物工場システムの営業を行う。

まず、第1弾としてＵＡＥ最大財閥の**アルグレアグループ**に植物工場の実証プラントを納入する。アルグレアグループが1年間のフィールドテストを行い、栽培ノウハウを蓄積した後には、中東地域で市場調査などを行う。

昭和電工、千代田化工建設、丸紅の３社は、本実証プラントを植物工場のショールームとしても利用し、中東を中心に植物工場システムの販売を目指す。

昭和電工は1908年創業の総合化学メーカーで、石油化学のほか、LED、セラミックス、アルミニウム、ハードディスク、先端電池材料など事業領域が幅広い。同社の赤色LEDが植物工場で最大の課題となっていた光熱費の大幅な削減を可能にした。**山口大学**農学部の執行《しぎょう》正義教授と昭和電工が共同で開発したLED高速栽培法が「SHIGYO法」。昭和電工製のLEDによる赤色光と青色光を交互照射するのが特徴だ。執行教授は「最適な光の組み合わせで野菜を育てることがSHIGYO法のポイント」という。蛍光灯での栽培方法と比べ、出荷サイクルが短縮し収穫量は約2倍。電気代は蛍光灯に比べ2分の1程度で済む。

昭和電工はSHIGYO法をベースに、植物工場の計画、建設、稼働までをセット販売しているほか、稼働後のサポートも行っている。工場で使用するアルミニウム製栽培ユニットや照明機器、養液循環装置なども製造している。

徳島「LEDバレイ」に集う工場

日亜化学工業（非上場）は高輝度青色LEDを世界で初めて製品化し、現在では白色LED生産量で世界トップクラスのシェアを誇る。実は徳島県に日亜化学工業をはじめとしたLED関連企業が集積しているのだ。

徳島県は２００５年にＬＥＤ産業の集積を目指す「ＬＥＤバレイ構想」を策定し、工場・研究所などの集積、技術者育成や研究開発拠点の形成に取り組んでいる。２０１０年には、「ＬＥＤ関連企業１００社集積」という目標を達成した。その中には、小規模だが植物工場に関連した企業もある。

そのうちの1社が徳島市に本社を置く**スタンシステム**（非上場）。同社はＩＴソリューションビジネスを手掛ける企業だが、植物工場システム「Ｓｍａｒｔ Ｐｌａｎｔ」を販売している。植物工場を始めたのは、ＩＴを活用して植物工場内のさまざまなデータを蓄積したり、分析したりすれば最適な栽培法を開発できると考えたからだ。

栽培のための光源にＬＥＤを用いた理由は、蛍光灯と異なり、照射をコンピュータ制御できること。植物工場は建設費用が高いため、利益率の高いイチゴを栽培することにした。

スタンシステムのシステムでは、工場内のセンサーで測定された温・湿度、二酸化炭素濃度、画像データなどが、同社の開発したデータ収集装置を経由してクラウドへ伝送される。蓄積されたデータは、スマホ、タブレットからも確認できる。

同社のシステムは、クラウドサービスを利用するためサーバーを用意する必要がなく、変化するデータ量に応じた設備を使用できるというメリットがある。同社が開発した「ＬＥＤ植物工場レシピ自動制御システム」により工場の自動運転が可能。栽培方法は、ＳＨＩＧＹ

O法を参考にしている。

阿南市に本社のある**シナジーテック**（非上場）は1988年の設立で、主に建築系のCADシステムの開発に携わってきた。2008年より新事業として、LEDを使った植物工場での試験栽培に着手し、その成果が認められて2010年度の四国経済産業局地域資源認定第1号に指定された。

2015年には徳島県内のスーパーで水菜やほうれん草の本格販売を開始した。野菜のブランド名は「阿波光菜」。光源となるLEDは、日亜化学工業と植物栽培用に共同開発したものだ。野菜の生長に適した波長の光線が出るため、通常のLEDを使用するよりも栽培期間を短縮できる。

同年には植物工場栽培を強化するため、関連会社**オーゲツ**（非上場）を立ち上げた。2016年8月にはマスクメロンの栽培に成功したと発表。植物工場におけるマスクメロンの水耕栽培は海外でもほとんど報告例がなく快挙といっていい。

植物工場では、光線が強くないため、弱い光でも育つレタスやハーブ類などが栽培されることが多い。しかし、オーゲツは日亜化学工業と共同開発したLEDを使用することで、植物工場におけるマスクメロンの水耕栽培に成功した。重量は約1・4kg、糖度13%で、種まきから収穫までの栽培期間も通常のハウス栽培と変わらない。

マスクメロンは病気や害虫に弱く、国内で一般的に行われているハウス栽培では、農薬を使用せずに栽培することはほとんど不可能だ。オーゲツでは、植物工場で栽培することで、無農薬マスクメロンの栽培に成功したことになる。1個当たりの生産コストは約3000円と高いが、今後も栽培研究を進めてコストダウンし、2017年中の商品化を目指している。

さらにオーゲツでは食べられる花「エディブルフラワー」の工場栽培も行っている。日本では、まだなじみのないエディブルフラワーだが、最近では披露宴やレストランで出てくることが増えつつある。エディブルフラワーは単価が高いので、葉物野菜よりも利益率が高いのが魅力だ。室内栽培のため花弁に虫が付かず、悪天候で傷むこともない。同社で栽培できるエディブルフラワーは30種を超す。

そのほか、きゅうり、なす、ミニトマトの栽培にも成功しており、商品バリエーションの豊かさが収益に貢献するだろう。野菜の販売実績が伸びていけば、それをもとに植物工場システムの販売も期待できる。

徳島市に本社のあるFUJIYA（非上場）もLEDを使用した植物工場の設計施工を手掛けている。また、家庭用の水耕栽培キット、レストランやホテルのディスプレイ用水耕栽培セットの生産販売も行っている。現在は徳島県立工業技術センターの支援を受けながら徳島名産の藍の工場栽培を研究中だ。もともと洋蘭生産で創業したこともあり、洋蘭の工場栽培技術も持つ。

植物工場を支える企業とは

ここまでは植物工場で栽培した作物を販売する企業や、植物工場全体のシステムを販売している企業を見てきた。ここからは植物工場で使用される機器や資材を製造する企業を紹介する。

水耕栽培で作物を植え込むパネルを生産しているのは愛知県に本社を置く**金山化成**（非上場）。製品名は「水耕パネルAg」だ。大阪府立環境農林水産総合研究所の調査で同パネルの防藻・抗菌・防根効果が確認されている。

水耕栽培ではどうしてもパネルに藻が付着してしまう。みつばを植えた40日後に藻の付着状態を調査したところ、同パネルの藻の付着度は通常のパネルの約10分の1だった。また、抗菌作用が強く、みつばを植えた40日後にパネル表面を拭き取って調べたところパネル表面の微生物数は通常パネルの2分の1だった。

水耕栽培では根が張ってパネルに食い込んでしまうが、みつばを植えた90日後の目視調査では、食い込み数が通常パネルの4分の1だった。

金山化成は発泡樹脂製品を製造するメーカー。発泡スチロールというと家電製品や食材を包んで保護している白い梱包材をイメージする人が多いだろう。しかし、発泡樹脂の活躍はそれだけではない。梱包材よりも付加価値の高い建築断熱材、エアコンや冷蔵庫の断熱機構部材、自動車の衝撃吸収材などにも使用されている。

「水耕パネルAg」も同社の発泡樹脂製品の一つ。発泡樹脂に抗菌作用のある銀イオンをしみ込ませることで、さまざまな機能を実現させた。

三重県に本社を置く**南勢小橋電機**（非上場）は「自動播種機」を製造している。水耕栽培ではスポンジの培地に種をまくのだが、手作業では手間と時間が膨大にかかる。また、ピンセットで種をつまむと、種をつぶしてしまうことがある。

自動播種機ならば、1穴にまく種の数を設定できるし、種に直接触らないので種がつぶれず発芽率が向上する。タッチパネル方式なので操作は簡単だ。

水耕栽培では、商品化できなかった野菜や使用済みのスポンジ培地など廃棄物が生じる。水分を含んでいるのでとても重く、処理するのがたいへんだ。南勢小橋電機の「廃棄部位水切り圧縮機」は廃棄物の水切りと圧縮を同時に行い、廃棄部位を最大で40％にまで圧縮できる。操作は極めて簡単で、スライド引き出しの廃棄物投入口にゴミ袋に入れたままの廃棄物を入れるだけだ。圧縮によって作業は楽になるし、処理費用も圧縮できる。そのほかには、オリジナルの栽培棚も製造している。

また、グループ会社が工場面積約1000㎡の植物工場を運営し、収穫したレタス、バジルなどを販売している。実際の栽培経験が機器開発に活かされているといえるだろう。さらに南勢小橋電機は植物工場の種まきから収穫、販売までを一つのソフトで管理できるシステムを開発した。在庫管理が容易なので営業しやすいし、納品伝票や請求書作成などの事務処理が軽減される。

二酸化炭素も「もったいない」

地球温暖化の原因である二酸化炭素は邪魔者扱いされることが多い。そこで、経済産業省と環境省は工場などから排出された二酸化炭素を地下に閉じ込める計画を進めている。しかし、二酸化炭素は植物の生長になくてはならないものだ。

せっかく集めた二酸化炭素を単に地下に埋めるだけだとしたら、あまりにもったいないのではないか。こういった発想から**西部技研**（非上場）は、発電所やゴミ焼却場などから排出される低濃度の二酸化炭素を回収して中濃度から高濃度に圧縮する二酸化炭素分離回収装置「C－SAVE」を開発した。

地中に捨ててしまうはずだった二酸化炭素を植物工場に供給すれば、光合成が進んで収穫量が増加する。気体のリサイクル事業といっていいだろう。

福岡県に本社を置く西部技研は揮発性有機化合物の濃縮装置や空調機、除湿機などの開発製造を手掛けている。1961年に創業者の隈利實氏が九州大学工学部研究室勤務のかたわら創業、1965年株式会社として設立したという、研究開発志向の強い企業だ。2014年には経済産業省が顕彰する「グローバルニッチトップ企業100選」に選ばれた。

湿度に強いLEDを製造

大成建設は2015年に蛍光灯方式の植物工場ユニットと比較し、消費電力を64%削減できる「超省エネタイプの次世代型LED植物工場ユニット」を開発した。そのユニットの中のLEDを開発したのは**スタンレー電気**だ。スタンレー電気は自動車用ヘッドライトの大手メーカーとして有名。

LEDは湿気に弱く植物工場に使用すると故障することがあるが、スタンレー電気は自動車用ライトなどで培ってきた防水技術をもとに、新たに植物工場専用LEDを開発した。これまでは消耗品としてLED照明は保証対象とはならなかったが、この植物工場ユニットでは1年間の保証がついている。

大成建設とスタンレー電気は2009年に植物工場に関する共同研究を開始した。両社は、植物工場事業への参入を検討している企業に向けて、「超省エネタイプの次世代型LED植物工場ユニット」の採用を提案すると共に、蛍光灯方式を導入している企業に対しては、LED方式への切り替えを提案している。

人間と植物の光の感じ方は違う。肉眼で植物工場内の光をチェックした時に何も問題がなくても、実は光合成に適した光線が出ていないことがある。そのままにしていたら作物は計画通りに育たない。

作物の育成に必要な波長と光量になっているのかを確認するために必要なのが**ウシオ電機**の分光放射照度計だ。同社は半導体や液晶パネルを製造する露光装置のランプの照度を管理するために分光放射照度計を製造してきたが、植物工場向けの分光放射照度計も開発した。ウシオ電機によれば「光線の条件は変わりやすい」とのこと。植物工場栽培で収穫を確保するには分光放射照度計で毎日光線を測定する必要がある。

ウシオ電機は産業用ランプの世界トップメーカー。液晶や半導体向けの光学装置だけでなく、シネマ用の映写機も製造している。

先にも述べたが、植物工場には「人工光型」と「太陽光利用型」の2種類がある。太陽光を利用する植物工場は、温度管理のために夏季は窓を開けなければならず、病原菌や害虫が侵入するため無農薬栽培は不可能。また夏季は湿度が高いので、環境管理が難しい。太陽光を当てにするということは日当たり条件を考慮しなければならず、人工光型のようにどこでも設置できるわけではない。世界人口の急増と環境汚染を克服して作物を増産するには「太陽光利用型」よりも「人工光型」のほうが優れている。

(2) 魚を海ではなく陸上で「作る」

魚製造工場の必要性

国連食糧農業機関（ＦＡＯ）の統計によると世界の食用魚介類の一人当たりの消費量は、最近50年間で約2倍に増加している。また、人口増加や魚介類人気の高まりによって、世界の魚介類の消費総量は、同期間に約5倍になった。今後も人口増加に合わせて、世界の魚介類の需要は増加する一方だ。

魚介類の需要が増加しても、海から獲るのには限界がある。それならば養殖すればいいということになるが、海を利用した養殖でどんどん魚介類を増やすのは簡単ではない。そこで、期待されるのが「陸上養殖」。海水に生息する魚介類の養殖を海ではなく陸上で行うのだ。

屋内の水槽で水質や水温、エサなどを完全にコントロールした状況で魚介類を育てていくので、養殖場というよりも「魚製造工場」と呼んだほうが適切かもしれない。

なぜ陸上で養殖するのか

陸上養殖のメリットは6つある。

1つめは外部からの影響を受けずに安定的に魚を育てられること。通常の養殖は、海の中に設置されたイケスで魚を育てるが、赤潮の発生など環境が悪化すれば魚は全滅する。自然環境の変化だけでなく、タンカーの座礁で重油が流れ込んで、養殖魚に大きな被害が出ることもある。台風が来れば、屋外にある養殖施設が大破して養殖どころではなくなってしまう。経済的な損害は莫大だ。

しかし、陸上養殖の場合、外部からの影響を受けないので、安定的に飼育できる。外部からの影響を受けなくて済むのは植物工場での作物栽培と同じだ。

2つめは、安全な魚を育てられること。陸上養殖は工場生産のように魚を生産するので、履歴がすべて残る。どんな水質で、どんなエサを食べて育ったかが明らかだ。このため、水産養殖管理協議会（ASC）の認証を取りやすい。ASCとは世界自然保護基金（WWF）などの支援のもと、2010年に設立された国際的な非営利団体。養殖認証制度を設け管理運営している。養殖においては、①養殖場建設による自然環境の破壊、②水質や海洋環境の汚染、③薬物の過剰投与などが懸念される。ＡＳＣ認証を取得していれば、こうした問題のない魚ということだ。陸上養殖ならば①②は関係ない。③については履歴があるので、薬物の使用状況について客観的に検証できる。

海外ではＡＳＣ認証が普及していて、ＡＳＣ認証のない魚の輸入を拒否する国が少なくない。日本食の世界的な普及に伴って魚の輸出を増加させるためには、日本の魚もＡＳＣ認証を取得する必要がある。

また、オリンピックの選手村や会場ではＡＳＣ認証のない魚の料理を出すことが認められていない。２０１６年のリオオリンピックでは、ＡＳＣ認証の基準を満たした水産物70ｔ以上が選手やメディア関係者に提供された。東京オリンピックでもＡＳＣ認証取得は必要だ。ＡＳＣ認証がないと、２０２０年にはせっかくの日本開催であるにもかかわらず日本の養殖魚を提供できない。今後、ＡＳＣ認証の重要性が高まるにつれて、陸上養殖魚が注目されることになるだろう。

３つめはエサの無駄が少ないこと。海上養殖のイケスは底が抜けているので、魚が食べなかったエサは海底に沈んでしまう。また、イケスの中がどうなっているのか、完全に把握できない。陸上養殖では水槽の外から魚の発育状況を把握できるので、魚の状況に合わせてエサの量や質を細かく管理できる。

4つめは水温やエサの調整で魚の品質と生育期間をコントロールできること。閉鎖された環境なので海上養殖よりも品質のコントロールが容易だ。魚肉の味を美味しくできれば需要は拡大する。また、生育期間短縮はコスト削減につながる。さらに、魚価の相場が高い時に出荷の時期を合わせることも可能だ。

5つめは飼育作業の負担が軽いこと。2016年の漁業就業動向調査によると、全国の漁業就業者は16万0020人で前年よりも4％減少した。過去10年間では24・7％も減っており、減少傾向は止まらない。しかも65歳以上の比率が37％と高い。

海上養殖は作業員の体力負担が大きいので、高齢者が担うことはできない。このまま高齢化が進めば海上養殖事業は衰退してしまう。一方、陸上養殖は機械化とシステム化が進んでいるので、体力の弱い人でも作業ができる。

6つめはどこでも養殖ビジネスができること。海は国有地であって勝手に漁をしたり、養殖をしたりすることはできない。漁業関係以外の企業が養殖で海を使用するには漁業協同組合の組合員資格が必要になる。しかし、資格を取るのは簡単ではなく、養殖に新規参入するのは不可能に近い。陸上養殖ならば資格を取る必要はなく、自由に始められる。

また、海の近くである必要はない。内陸部にある遊休地を活用すれば養殖を始められる。魚は鮮度が命だが、傷まないように迅速に運ぶためには費用がかかる。そのため地方特産の美味しい魚があっても、首都圏や近畿圏に運べず商品化できないというケースが少なくない。

陸上養殖場ならば、大消費地の近くに建設することが可能だ。例えば、千葉や埼玉で高価な魚を養殖して、東京都内の高級料亭や一流レストランに販売すれば、配送コストを抑えつつ高い利益を得られる。

デメリットとして指摘されるのが、設備などのイニシャルコストと電気代などのランニングコストの高さだ。確かに機械設備は海での養殖に比べて費用がかかる。しかし、海では自然災害によって設備が大打撃を受けることがあるが、陸上養殖ではそうした危険ははるかに小さい。昨今の自然災害の多発状況を考えれば、陸上養殖の設備が高価とは一概にいえない。

また、海洋汚染を避けて沿岸ではなく、沖合にイケスを設置する養殖が増えている。こうしたケースでは、沖合まで行ってエサを与えたり、様子をチェックしたりするために船を用意しなくてはならない。当然、燃料代もかさむ。船の代金と燃料費を考慮すると必ずしも海上養殖がコスト安で、陸上養殖がコスト高とはいえないだろう。

バルブメーカーが超高級魚を養殖

キャビアは世界三大珍味の一つで、高級食材として有名だ。そのキャビアを産むのが世界的希少魚種のチョウザメで、魚肉も美味で人気がある。そのチョウザメの陸上養殖をしているのが**フジキン**（非上場）。同社は宇宙ロケット用バルブ、原子力発電所用バルブ、半導体用バルブなどを製造販売するメーカーだ。大阪府に本社を置き、創業は1930年。

同社が育成したチョウザメのオスは食肉用に外食業者へ出荷され、メスはキャビア採取用となる。キャビアというと缶詰やビン詰を連想する人が多いだろうが、同社では卵を持ったメスを魚ごと出荷している。これは出荷先で魚体からキャビアを取り出したほうが鮮度が保たれるからだ。そのほか、人工孵化したチョウザメの稚魚を他の養殖業者へ販売もしている。

同社はバルブ生産で培った水の流れを制御する技術を活かして、1989年にチョウザメの養殖事業を開始した。1992年に民間企業としては世界で初めて人工孵化に成功、1998年にはこれも世界で初めて水槽での完全養殖に成功した。従来のチョウザメを超えたという意味で、この養殖チョウザメのブランド名を「超ちょうざめ」とした。

その後、2002年にはキャビアを初出荷、2008年にはチョウザメ1万匹を飼育する体制を作り、2010年からは安定供給が可能になった。

同社の養殖場は1985年に開催された〝科学万博－つくば'85〟の会場跡地に建設された

筑波西部工業団地内にある。工業団地内で養殖が行われているということが、従来型の養殖と大きく異なることを示す。

施設内にはチョウザメを育てる飼育水槽と、飼育水槽で使用した水を浄化する生物濾過槽が設置されている。養殖で使用するのは塩素で殺菌された水道水だ。これを貯水タンクに入れて塩素を抜いてから飼育水にしている。飼育水槽では魚の排泄物をエサとする細菌が優占種となっているために、他の細菌が繁殖しにくい。そこで、同社の施設では投薬を必要としない「オーガニック魚」を生産できる。

飼育水を生物濾過槽で浄化して再利用するため、外部から注ぎ足す水は非常に少ない。基本的には自然蒸発した分を定期的に補充するに過ぎない。そのほかに必要なのは生物濾過槽内に溜まった汚泥を排出するための少量の水だ。同社の施設の総水量は約800tだが、一日の平均注水量は約1t。家庭用風呂換算で5～6杯分だ。

「海なし県」長野でマダイを養殖

キッツは総合バルブメーカーで国内首位。材質や形状、口径の異なる約9万種類のバルブを扱っている。特にビル・住宅設備やエネルギー・化学プラント向けのバルブに強みを持つ。

同社では陸上養殖事業への参入を目指す企業向けに陸上養殖システムの販売を行っている。システム名は「キッツスマート養殖」。

同社はバルブ製造で培った水処理技術を活かして2012年から陸上養殖事業に取り組み始めた。きっかけは同年シンガポールで開催されたWater Expoに参加した時に各国の養殖関係者から水槽内の水質維持について相談されたこと。

2013年にタイで稚エビの飼育試験を行い、2015年には長野県茅野《ちの》市に陸上養殖プラントを設置した。すでにマダイやマハタの長期飼育に成功し、現在では、成長した魚を車で30分の距離にある同社グループの「ホテル紅や」に運んで客に提供している。

同社のプラントでは海から運んだ海水ではなく、水道水に海水成分の粉末を溶かした水を使用している。事業を始めた時は値段の高い海水を購入していたが、水道水にすることでコストが大きく下がった。「水道水でも魚の飼育にはまったく問題がない」（キッツ）。

陸上養殖を成功させるには、魚からの排泄物であるアンモニアをいかに無害化するかがポイントになる。同社はアンモニアの多い時は電気を使用、少ない時は低コストのバクテリアを使用して水質を保つノウハウを開発した。

プラント内にはセンサーや監視カメラが設置され、水温、酸素濃度、pH値などを定期的に計測し、何かトラブルがあれば管理者にメールが届く。遠隔操作の仕組みが整っているので、管理者はパソコンやタブレットを通じて対応できる。プラントでの作業は大半が自動化されているので、管理の従業員は1人いるだけ。平日の9時から5時の勤務で、土日は休み。仕事といってもエサをやるぐらいなので、一日の実質の作業時間は1〜2時間に過ぎない。

現在は実際に魚を養殖しているが、魚の販売が最終目的ではない。同社の事業は陸上養殖システム「キッツスマート養殖」の販売であり、茅野市での活動はノウハウ収集が目的だ。そして、2017年1月にその成果が現れた。沖縄県農林水産部の栽培漁業センターから陸上養殖プラントの水質モニタリングシステム一式を受注したのだ。

ちなみにキッツは植物工場の用水浄化装置も製造している。

豪雪地帯の特産品がエビ

日本で初めてバナメイエビの養殖に成功したのが**IMTエンジニアリング**（非上場）。同社は国内唯一の屋内型エビ生産システム（ISPS）を広く国内外に普及するために設立されたエンジニアリング会社。バナメイエビとは水温20℃以上の海域に生息しているエビだが、同社では新潟県妙高市の室内養殖場でバナメイエビを育てている。養殖が始まったのは2007年で、ブランド名は妙高市にちなんで「妙高ゆきエビ」。今では豪雪地帯、妙高市の特産品の一つとなった。

東南アジアで養殖されたバナメイエビには臭みがあるが、妙高ゆきエビには臭みがない。通常の養殖池では、池の底に残餌や死骸がヘドロ状になって蓄積され、バナメイエビはそのヘドロと一緒に育つためヘドロの臭いが付いてしまう。

妙高ゆきエビに臭みがない理由は逆三角形の水槽にある。残餌や死骸、フンなどが逆三角形の頂点に集まり、それらを毎日外へ排出しているので水槽内が清潔に保たれている。そこで妙高ゆきエビに嫌な臭いが付かないのだ。

また、妙高ゆきエビはバナメイエビよりも食感がぷりぷりしているとの評判があるが、これは水槽に波を引き起こす造波装置があるからだ。波の中を泳ぐために身が引き締まる。

栃木県に本社を置く**夢創造**（非上場）は温泉水でトラフグを養殖している。同社のある同県那珂川町は、豊かな自然に恵まれているが、人口減少に悩む過疎地でもある。町おこしの材料として考えられたのが同町の温泉だった。

環境分析を手掛ける**環境生物化学研究所**（非上場）が温泉水を分析したところ、塩分濃度が1・2％で海水（3・6％）の3分の1であり生理食塩水（0・9％）に近いことがわかった。そこで、海なし県の山間部でも海水魚を育ててみようとの発想が生まれた。

同社の野口勝明社長は2008年6月から市場価値の高いトラフグを選定し飼育試験を開

始。試行錯誤を繰り返したが、飼育のメドが立ったことから２０１０年に養殖の事業主体となる夢創造を設立した。現在は閉鎖されたスイミングスクールを改造した陸上養殖プラントなどでトラフグを育てている。

トラフグを海で養殖する場合、海水温度の低下する冬季は体重が増えないため、出荷サイズ（８００〜１０００g）に成長するのに1年半を要する。しかし、温泉水養殖の場合、飼育水の温度が高いことから体重停滞期がなく、1年で出荷サイズに成長する。また、那珂川町の温泉は生理食塩水に近いので、体液浸透圧調整のためのエネルギーが少なくて済むこともトラフグの成長にプラスだ。夢創造は温泉トラフグ事業の普及活動も行っている。温泉水でトラフグ養殖を希望する企業に対して、その温泉水が養殖に適しているかどうか調査したうえで、プラント整備や飼育指導、採算性評価のコンサルティングを行っているのだ。現在、全国10ヵ所で養殖施設が稼働している。

自治体や漁協も奮闘

富山県では名物「ますずし」に使用されるサクラマスの陸上養殖が行われている。サクラマスは川で生まれ、海で育ち、川に戻って産卵する。漁獲量が近年非常に少ないことから、実際にますずしに使用されるのは輸入のサケやマスであることがほとんど。そこで、同県射水《いみず》市の**大門漁協**と**堀岡養殖漁協**が県水産研究所と協力して2013年に陸上養殖の実験を開始し、2015年に養殖法を確立した。

養殖であっても、淡水で生まれて海水で育ち、そして淡水に戻るという順番を作らなければならない。そこで、県内の庄川で活動する大門漁協が成魚からの採卵と稚魚の育成を担い、海の近くで養殖を手掛けている堀岡養殖漁協が成魚の育成を担当する。同じ市内ではあるが、地域の違う2つの漁協がリレー方式で陸上養殖を行うわけだ。

射水市の養殖では庄川の地下水と富山湾の海洋深層水が使われる。天然のサクラマスは成魚になるのに3年かかるが、射水市では2年で成魚化する。

2015年には1万5000匹が孵化したが、今後の目標は年間4万匹。すでに射水市、漁協、市内のますずしメーカーが「射水サクラマス市場化推進協議会」を組織してサクラマスの活用方法を検討している。現在進めているプランは射水市の食材だけを使用したますずし作りだ。市内の農家がすし専用米を生産し、包装材の熊笹も市内の里山で生産する。サクラマスの骨や内臓は魚醤にして、ますずしに使用する。

陸上養殖の「縁の下の力持ち」

陸上養殖ではさまざまな機器が使用される。ここからは、その機器を扱う企業を取り上げる。東証2部上場の**イワキ**は水を循環させるポンプを製造している。陸上養殖において水の循環はとても重要だ。同社のポンプは養殖用だけでなく、観賞魚用にも採用されており、全国の多くの水族館が同社のポンプを導入している。さらに水温調節機器やUV殺菌装置、水質制御機器など陸上養殖のために必要な機器を多数そろえている。こうした機器類を組み合わせたシステム販売にも熱心だ。

イワキの主力事業は化学薬液の移送用ケミカルポンプや周辺機器の製造。手の平サイズの小さなものから数百kgのものまで各種ポンプを国内外で販売している。多品種少量生産が強みで、年間約80万台の生産能力を持つ。ヨーロッパやアメリカに現地法人を持ち、海外売上比率37%のグローバル企業だ。ちなみに同社は植物工場の水耕栽培において水をかき回すポンプの製造もしている。

水産用の設備機器メーカーの**プレスカ**（非上場）は微細気泡で水を浄化する泡沫分離技術の実用化に日本で初めて成功した。泡はいろいろな物質を吸着する性質があり、高性能濾過材だ。同社の有力製品「ＫＡ式泡沫分離装置」はこの泡の性質を活かして水を浄化する機械であり、同社のロングセラー製品となっている。

この装置を中心に開発した養殖法が「ＫＡ式閉鎖循環アワビ陸上養殖システム」だ。アワビの養殖ではエサの残りとアワビ自体の粘液で、水槽水面に泡が発生し、水質が悪化する。

しかし、「ＫＡ式泡沫分離装置」を導入すれば泡はなくなり、水質が安定する。蒲郡《がまごおり》市役所、東京海洋大学、近畿大学、国立研究開発法人水産研究・教育機構などがすでにＫＡ式泡沫分離装置を導入したという実績もある。

日本建設技術（非上場）は水産用濾過材「クリスタルバイオ」を製造販売している。クリスタルバイオとは、原料にガラス質基材を使用し、これを微粒子に粉砕して発泡剤を混合したのち、９００℃焼成炉で軽量セラミック化したもの。見た目は粒径が10～50㎜程度の小石だが、表面には小さな穴が無数にあいているので表面積が非常に大きい。そのため、魚から排出されるアンモニアを分解する硝化細菌が生息しやすい。

また、クリスタルバイオ自体が弱アルカリ性であるため、硝化細菌の働きで水が酸性化するのを防ぐ効力もある。粒が小さくて軽量であるため、どのような濾過槽にも対応できるし、充填や水洗などの作業も簡単だ。

すでに水産研究・教育機構のクロマグロ飼育研究施設をはじめ、宮崎県水産試験場、佐賀県玄海水産振興センターなどに採用されている。また、世界13ヵ国に輸出している。

日本建設技術は佐賀県に本社を置く建設会社。１９５３年の創業で建設業売上高は佐賀県トップだ。

組ひもで水質浄化

ティビーアール（非上場）は「組ひもロープ」の国内トップメーカー。ひもを編んで複雑に絡み合わせたものが組ひも。組ひもで作ったロープを「組ひもロープ」という。

組ひもロープの繊維がさまざまな物質を吸着する性質を持つことから、ティビーアールはひも状の水質浄化用濾材「バイオコード」を開発した。バイオコードの表面に微生物が付着し、その力で水をきれいにする仕組みだ。すでに河川や湖沼の浄化施設350ヵ所以上で使用されている。2013年から陸上養殖での実験を行っており、アワビ養殖ではバイオコードが水質維持に効果を上げている。

もともとティビーアールの主力事業は漁業用ロープの製造だった。漁業用ロープといっても漁網に取り付けるネッティングロープ、ホタテやカキなどの養殖用に貝を吊るすループコード、海藻・海草類を育てるロープなど幅広い。そのほか、物質を吸着する特性を活かして、レアメタルや有害物質の回収用ロープも開発するほど技術力が高い。

海外進出も進んでいて、国際協力機構（JICA）の2015年度中小企業海外展開支援事業に採択され、インドネシアで「高効率水環境改善システム普及・実証事業」に取り組んでいる。そのほか、中国やマレーシアで河川の水質改善の事業に取り組んでいるし、台湾では工業団地の排水処理に関与している。

こうした技術力や実績が評価されて、２０１６年には経済産業大臣から「はばたく中小企業・小規模事業者３００社」に選定された。

マツイ（非上場）は油圧機械・自動車関連機器をはじめとした機械の専門商社。同社はいろいろなメーカーの養殖関連資材を幅広く取り扱っているが、オリジナル製品として、ＦＲＰ（繊維強化プラスチック）水槽、濾過装置、濾過装置に使用するバイオフィルター、魚卵の孵化装置なども販売している。ＦＲＰ水槽は軽くて耐久性が高いほか、熱伝導率が低く断熱性に優れる。

アクアテックジャパン（非上場）は陸上養殖プラントの設計施工や機器販売を手掛けている。注目は同社が製造している水底活性機「リプル」。これはヘリコプターのプロペラのような外見・構造になっている機械だ。大型水槽に浮かべてプロペラを回転させることで水槽全体に対流を生じさせる。酸素を十分に含んだ表層部分の水が低層に達することで水槽全体の水質が向上する。対流によって残餌や魚のフンを水槽の中央に集めて効率的に処理することもできる。

すでに屋外の養殖池やゴルフ場の池などには多数導入されていて、アオコや藻の発生を抑えたり、ヘドロを減少させたりするといった効果が出ている。

同社の販売する水槽には、従来の養殖槽でよく使用されるコンクリートやＦＲＰではなく、安価なポリプロピレンが使用されている。すでに同社の陸上養殖試験場では、ウナギ、錦鯉、タマカイ、ヒラメなどの育成実績がある。

はるか昔は動物を食べる場合には狩りをするしかなかった。しかし現在では、食用の牛、豚、鶏などはすべて人間が飼育したものであり、日本で野生の猪や鹿を常食にしている人はいない。大昔の人は食肉用の動物を育てるための牧場や養豚場、養鶏場などを想像したことすらなかっただろう。

これと同じことが魚介類でも起きている。現代では、魚は漁で獲るか、海での養殖で得るというのが常識だ。陸上で海水魚を養殖するなど考えたこともない人がほとんどだろう。しかし、世界人口の増加、海洋汚染など環境は激変している。もう少しすると、「魚は陸上でシステム的に生産される」というのが常識になるのではないか。

なお、陸上養殖について興味のある方には、『養殖ビジネス』（緑書房）、『月刊アクアネット』（湊文社）などを読むことをお勧めする。

（3）スラリーアイスが冷却保存の常識を変える

鮮度保持の「黄金の温度帯」とは

魚の養殖技術は今後も進化し、さまざまな品種を低コストで生産することが可能になるだろう。しかし、育てる技術が発展するだけでは食糧危機に対応できない。魚は水分が多く、細菌が繁殖しやすいので冷却技術が重要だ。冷却保存ができなければ、せっかく養殖した魚が腐ってしまう。

そこで注目なのが、スラリーアイス。スラリーアイスとは微小な氷の粒と塩水が混ざったシャーベット状の氷だ。たかが氷というなかれ、実は大きな可能性を秘めている。スラリーアイスによって、魚を従来よりもはるかに長く、高品質な状態で保存できるのだ。

スラリーアイスのメリットは以下の5つ。

まず1つめは魚にとって最適な温度で冷却保存できること。水は0℃で凍るが、魚はそれよりも低い温度で凍る。ブリはマイナス1・2℃、カツオはマイナス2・0℃など魚種によって異なるが、魚の凍結温度はマイナス1～マイナス2℃となっている。

0℃を下回ると細菌がほとんど繁殖しないが、温度を下げすぎて魚をカチンカチンに凍結させてしまうと味が落ちる。

そこで、0〜マイナス1℃の間の温度帯に保てば1週間以上も鮮度を保つことができる。この温度帯が鮮度保持に最も適していることから「黄金の温度帯」と呼ばれる。スラリーアイスを使用すれば「黄金の温度帯」で魚を保存できる。

2つめは急速冷却ができること。獲った魚は少しでも早く冷却する必要があるが、スラリーアイスは通常のブロックアイス（砕氷）よりも早く魚の温度を下げることができる。

スラリーアイスは粒子がシャーベット状であるため、魚全体をまんべんなく包み込んでムラなく冷やすことができる。また、エラや口にも入り込んで魚を冷やす。

ブロックアイスのかけらは粒径が大きいので、魚をまんべんなく冷やすことができない。ブロックアイスが当たる部分は冷えすぎるが、当たらない部分は冷却が不十分だ。エラや口に入らないのはいうまでもない。

3つめは魚体を傷つけないこと。ブロックアイスはそれ自体が固いので、魚体を傷つけて商品価値を下げてしまう。スラリーアイスはシャーベット状なので魚体を傷つけないだけでなく、配送時には緩衝材の役割も果たす。

また、カニ、ウニ、貝類など形状的に冷却しにくい魚介類の冷却も簡単。シラスなど小さい魚を押しつぶすこともない。

４つめは塩分を含んでいるため、浸透圧の関係で魚から体液が流出して鮮度の低下を防ぐ。真水から作ったブロックアイスの場合は、逆に溶けた水が魚にしみ込んで味が悪くなるだけでなく、歯ごたえが悪くなる。

５つめは運搬性に優れていること。ブロックアイスの場合はフォークリフトやコンベアで運搬し、人がスコップで氷を容器に入れたり、魚にかけたりする。作業者の負担が大きいし、時には危険も伴う。一方、スラリーアイスは水道のように配管を使って送ることができるので、誰でも簡単に取り扱うことができる。

掻き取りか過冷却か

漁業のさかんな高知県室戸市に本社を置く**泉井鐵工所**（非上場）はスラリーアイス製造装置を作っている。同社は１９２３年の創業以来、漁網を巻き上げる機械など漁船に関連した機械を製造してきた。２００４年に**高知工科大学**からスラリーアイス製造装置の実験機の製作依頼があったことをきっかけに新事業に参入した。

スラリーアイス製造装置はそれまでカナダのサンウェル社とドイツのインテグラル社が製造しており、日本にも導入されていたが、製氷に用いる塩水の塩分濃度は２〜２・５％以上だった。塩分濃度が高いと氷の温度は下がる性質がある。塩分濃度が２〜２・５％以上だとスラリーアイスの温度はマイナス1・8〜マイナス2・1℃となり「黄金の温度帯」(0〜マイナス1℃)よりも低くなる。それでは魚が凍結して品質が劣化してしまう。

そこで、スラリーアイスの温度をマイナス0・9℃にするために、低濃度の塩水を使う製造装置を開発することにした。しかし、ここで問題になったのが「氷の固さ」だった。塩分濃度を下げれば下げるほど氷は固くなる。

製造装置のタンク内の金属面に薄い氷の層を作り、それを掻き取ったものがスラリーアイス。塩分濃度を下げて氷が固くなると掻き取る刃が壊れてしまう。同社では刃そのものやタンクに改良を加えることで、固い氷を掻き取ることに成功し製造装置を作り上げることができた。同社はノウハウについて詳しくは明らかにしていないが、400年以上の歴史を持つ土佐打刃物の技術も活用されたのではないだろうか。

高知県で獲れるメジカ(カツオの一種)は傷みやすいため、県外で食べるのは難しかったが、スラリーアイスのおかげで県外へ販路が広がりつつある。

高砂熱学工業は空調工事の国内トップ企業。ビルの空調用に1988年からスラリーアイス(注)を製造していたが、「うちのアイスで魚も冷やそう」という発想で2013年に、鮮魚向けスラリーアイス事業に参入した。

そして、2016年には空調用の蓄熱技術で培った技術をもとにスラリーアイス製造装置

SIS-HF（Super Ice System for HIGH FRESHNESS）を開発した。同社の特徴はスラリーアイスの作り方にある。泉井鐵工所は金属面にできた氷の層から掻き取る方式でスラリーアイスを作っていたが、高砂熱学工業は過冷却現象を利用して作り出すのだ。

過冷却現象とは、液体が固まる温度でも固まらない状態でいること。水ならば0℃以下でも氷になっていないということだ。同社は過冷却の状況を作り出し、そこに衝撃を加えて過冷却を解除することでスラリーアイスを作り出す。掻き取るための刃は不要だし、タンク内をメンテナンスしなくて済む。

過冷却現象が起きている時、分子は非常に不安定な状態になっている。同業者の中には「何が起きるかわからない不安定な状態をわざわざ作るのは科学の常識では理解できない」と高砂熱学工業の製造法に疑問を呈するむきもある。

これに対して高砂熱学工業は「過冷却を意図的に解除して制御する技術こそが当社の強み」と自信を見せる。2016年3月には長崎県の魚介卸会社、**平戸魚市**（非上場）にSIS-HFを納入した。平戸魚市はスラリーアイスで冷却した魚を福岡県の百貨店で販売するなどの実績を積み上げている。長崎産の飛び魚の一種「アゴ」は美味であるものの、腐りやすいことから遠隔地へ配送するのが困難だったが、スラリーアイスで冷却することで全国に向けたブランド魚にすることができた。

（注）高砂熱学工業ではスラリーアイスではなく「海水シャーベットアイス」との名称を用いているが、本書ではスラリーアイスに統一する。

製造機を海外へ輸出

日立造船の子会社の**スラリー21**（非上場）はスラリーアイス製造装置の設計開発を手掛けている。実際に製造するのは新潟県に本社のある**東和造船**（非上場）。

スラリー21製の製造機で作るスラリーアイスは流動性が高いことが特徴で、ホースや配管を使って600m先まで送ることができる。「アイス」と名前が付いているが、水道水のように扱うことができるのだ。同社の製造装置を導入した岩手県大船渡市の魚市場では、ブロックアイスの使用を中止。市場内で氷運搬用のフォークリフトを走らせる必要がなくなり、市場内の安全性が強化された。

同社製のスラリーアイスは魚介類だけでなく、ブロッコリー、スイートコーン、秋田比内鶏などの冷却にも活用されている。

長崎県に本社のある**冷熱技研**（非上場）はスラリーアイス（注）製造機「リキッドスノー」の開発・製造を手掛けている。三菱電機の冷凍・空調設備分野で活躍した保坂征宏氏が、定年退職後の２００４年に同社を設立した。２００５年に長崎県の「研究開発ビジネス化一貫支援事業」の支援を受けて、スラリーアイス製造機の開発をスタート、早くもその年に国産1号機を完成させた。

これまで全国の漁協や水産関連企業など約20ヵ所に納入してきたが、マレーシアの魚加工場やブラックタイガー養殖場への実績もある。同社は有限会社で規模が小さいが今後の成長が楽しみだ。

冷熱技研の代理店として活発に活動しているのが神戸に本社を置く**ガイアシステム**（非上場）だ。同社は環境エネルギー事業や人材総合コンサルティングを手掛けるが、２０１６年から「リキッドスノー」の販売を始めた。

全国でスラリーアイスのセミナーや冷却した魚の試食会を開催している。実証実験によるデータ収集にも熱心だ。特に東日本大震災からの漁業復興を念頭に、東北での活動に力を入れており、社員を常駐させている。

同社の渕上智信会長は、京セラの創設者である稲盛和夫氏を中心とする盛和塾のメンバー。渕上会長はスラリーアイスを活用して、盛和塾の会員の小売業者や外食業者をサポートしていきたいとしている。

そのほか、広島に本社のある産業機械商社の**マステクノ**（非上場）も「リキッドスノー」

の販売代理店を務める。

ここまではスラリーアイス製造機のメーカーと販売代理店を紹介してきたが、ここからは製造機を構成するタンクやポンプのメーカー名を挙げる。

ＦＲＰ製のタンクを製造しているのは**丸栄化工**（非上場）。ＦＲＰは繊維強化プラスチックと呼ばれるが、プラスチックの常識をはるかに超えた強度を持ち、軽量であることから大型構造物に適している。

ポリエチレン樹脂製タンクを製造しているのは、**スイコー**（非上場）と**ダイライト**（非上場）。ポリエチレンは屋外で使用された場合でも、変形、変色、劣化等の変質を起こしにくいほか、衝撃にも強いという性質がある。

ポンプでは**川本ポンプ**（非上場）と**寺田ポンプ製作所**（非上場）。両社とも各種ポンプを製造しており、川本ポンプは東京スカイツリー、中部国際空港、あべのハルカスなどへの納入実績がある。

（注）冷熱技研ではスラリーアイスではなく「海水シャーベット氷」との名称を用いているが、本書ではスラリーアイスに統一する。

世界を食糧危機から救う企業

〈植物工場全体〉	
富士通	2013年に半導体クリーンルームを植物工場に転用して低カリウムレタスの栽培を開始。
富士通ホーム&オフィスサービス	上記はグループ全体での取り組みだが、直接の担当は富士通ホーム&オフィスサービス。
秋田県立大学	富士通の植物工場栽培は秋田県立大学の特許がベースになっている。
パナソニック	2014年にデジカメ工場を転用。野菜ではなく植物工場の機材と運営システムを販売。
パナソニックファクトリーソリューションズアジアパシフィック	シンガポールで植物工場運営。作物は大戸屋のシンガポール店や地元スーパーに卸売り。
大和ハウス工業	建物と栽培装置をセットにしたコンテナ式植物工場を販売。レタスなら一日30株の収穫可能。
昭和電工	千代田化工建設、丸紅と組みUAEで植物工場展開。昭和電工製のLEDを使用。
千代田化工建設	昭和電工、丸紅と組みUAEで植物工場展開。千代田化工建設が工場設計や建設資材調達を担当。
丸紅	昭和電工、千代田化工建設と組みUAEで植物工場展開。丸紅は工場システムを中東で販売。
アルグレアグループ	UAE最大の財閥。製造業、小売り、金融、エネルギーとあらゆる業種を網羅。
山口大学	農学部の執行正義教授と昭和電工が共同でLED高速栽培法「SHIGYO法」を開発。
〈徳島「LEDバレイ」〉	
日亜化学工業	高輝度青色LEDを世界で初めて製品化。現在は白色LED生産量で世界トップクラス。
スタンシステム	ITソリューション企業だが植物工場システム「Smart Plant」を販売。工場の自動運転可能。
シナジーテック	建築系のCADシステムの開発が本業。日亜化学工業と植物栽培用LEDを共同開発した。
オーゲツ	シナジーテックが植物工場栽培を強化するために設立。マスクメロンの栽培に成功。
FUJIYA	LEDを使用した植物工場の設計施工を手掛ける。洋蘭の工場栽培技術を持つ。
〈植物工場の機器や資材〉	
金山化成	水耕栽培で作物を植え込むパネルを生産。同社のパネルは防藻、抗菌、防根効果に優れる。
南勢小橋電機	「自動播種機」を製造。「廃棄部位水切り圧縮機」は廃棄部位を最大で40%まで圧縮できる。

〈植物工場その他〉	
西部技研	ゴミ焼却場などから排出される二酸化炭素を回収して植物工場に供給する。
大成建設	蛍光灯方式の植物工場よりも消費電力を64%削減できるLED方式植物工場ユニットを開発。
スタンレー電気	大成建設が開発した植物工場ユニットで使用のLED開発。湿気に強いのが特徴。
ウシオ電機	光線が作物の育成に必要な波長と光量になっているのかチェックする分光放射照度計を開発。
〈魚の陸上養殖〉	
フジキン	バルブメーカーだが、茨城県つくば市でチョウザメを陸上養殖。キャビアと魚肉を販売。
キッツ	総合バルブメーカーで国内首位。陸上養殖システムを確立し、長野県でマダイやマハタを飼育。
IMTエンジニアリング	日本で初めてバナメイエビの陸上養殖に成功。新潟県妙高市の特産品の一つとなった。
夢創造	栃木県で温泉水を活用してトラフグを養殖。通常の飼育水よりも成長が早い。
環境生物化学研究所	夢創造が使用する温泉水を分析。夢創造の野口勝明社長が設立した環境調査会社。
大門漁協	富山県でサクラマスの陸上養殖を手掛ける。成魚からの採卵と稚魚育成を担当。
堀岡養殖漁協	富山県でサクラマスの陸上養殖を手掛ける。海水での生育を担当。
〈陸上養殖の機器〉	
イワキ	水を循環させるポンプを製造。そのほか、水温調節機器やUV殺菌装置などもそろえている。
プレスカ	微細気泡で水を浄化する泡沫分離技術の実用化に日本で初めて成功。
日本建設技術	佐賀県が本社の建設会社だが、水産用濾過材「クリスタルバイオ」を製造販売。
ティビーアール	ひも状の水質浄化用濾材「バイオコード」を開発。海外の水質改善事業でも利用されている。
マツイ	機械の専門商社だが、オリジナル製品として、FRP水槽、濾過装置なども販売している。
アクアテックジャパン	水底活性機「リプル」を製造。水槽に浮かべてプロペラを回転させると対流が生じる。
〈スラリーアイス〉	
泉井鐵工所	スラリーアイス製造装置を製造。2004年から高知工科大学と提携しながら事業推進。
高知工科大学	ものづくり先端技術研究室の松本泰典室長はスラリーアイス業界のキーパーソン。
高砂熱学工業	空調工事の国内トップ。ビルの空調用に1988年からスラリーアイスを製造している。
平戸魚市	長崎県の魚介卸会社。高砂熱学工業がスラリーアイス製造装置を納入した。
スラリー21	日立造船の子会社。スラリーアイス製造装置の設計開発を行っている。

東和造船	スラリー 21が設計開発したスラリーアイス製造装置を実際に作っている。
冷熱技研	スラリーアイス製造装置を開発。三菱電機の冷凍・空調設備分野出身の保坂征宏氏が社長。
ガイアシステム	冷熱技研の代理店として活発に活動。スラリーアイスのセミナーや魚の試食会を頻繁に開催。
マステクノ	広島県に本社がある産業機械商社。冷熱技研の販売代理店を務めている。
〈スラリーアイス製造装置の部材〉	
丸栄化工	軽量で耐久性の高いFRP（繊維強化プラスチック）製のタンクを製造。
スイコー	1963年創業。高耐久のポリエチレン樹脂製タンクを製造。兵庫県に本社。非上場。
ダイライト	1962年創業。高耐久のポリエチレン樹脂製タンクを製造。東京都港区に本社。非上場。
川本ポンプ	本社は名古屋市。経営は安定し東京スカイツリー、中部国際空港などへ納入実績がある。
寺田ポンプ製作所	1945年創業、本社は奈良県。経営基盤は安定している。

第五章　「日本」を輸出する企業

（1）日本の味を海外で再現する企業

味を数値化「食品業界のインテル」

日本を訪れる外国人旅行者やビジネスマンの数は、２０１３年に初めて１０００万人を突破し、２０１６年には２４０３万人となった。政府は２０２０年の目標を４０００万人としている。日本観光の魅力の一つが食事であることは間違いない。これから日本食を楽しむ訪日外国人が加速度的に増加する。

彼らは日本で美味しい食べ物を食べたら、自国に戻っても食べたいと思うだろう。しかし、日本で食べた日本食と同じ味の料理を食べることは難しい。

実は本物の味を再現する方法がないわけではない。天然調味料の力によって、海外でも本当の「日本の味」を楽しむことが可能なのだ。

アリアケジャパンは天然調味料で国内トップ。ほとんどの大手食品メーカーや外食企業が同社の調味料を使用している。同社は「食品業界のインテル」と呼ばれることもある。インテルが供給するＣＰＵ（中央演算処理装置）がパソコンの性能に影響を与えるように、同社の天然調味料が食品の味に影響を与えるからだ。

同社は食べ物の味を科学的に分析し、数値化することができる。そのため、人気のあるラーメン店、料亭、デパートの売れ筋総菜などの味を再現することが可能だ。味がデータベース化されているので、熟練の料理人でなくても再現できる。

また、数値分析をすることで、効率的に新しい味を開発したり、既存の味を外国人向けにアレンジしたりすることも可能だ。これまでは、料理人が勘に頼って味を開発していたが、味が「見える化」されたのだ。同社の調味料があれば、外国人が自国に戻ってからも「日本の味」を食べることができる。しかも、化学調味料ではなく、天然素材なので安心だ。

インドで日本料亭の味を再現？

同社の技術力の恩恵を受けるのは外国人だけではない。同社は海外に住む日本人にとってもありがたい存在だ。グローバル化の進展で海外駐在や長期出張の日本人がどんどん増加している。先進国ならば美味しい料理があるし、日本食レストランもあるので、食生活については何も問題ない。

しかし、駐在先は新興国や途上国が増えている。新興国や途上国は娯楽が少ないので、食べ物に不満があるとモチベーションが下がるだけでなく、さまざまなトラブルを引き起こしかねない。

例えば、日本企業の進出が進むインドは日本人が食生活で苦労するエリアの一つだ。たまにインド料理を食べるのは良くても、毎日カレー味の料理を食べるのは無理という日本人が多い。そこで、インドにオフィスを持つ日本企業の多くは年に数回の「買い出し休暇」を設けている。

日本人社員とその家族はこの休みを利用して、わざわざシンガポールやタイのバンコクまで行って日本の食材を購入する。現地には日系の百貨店があるので、日本国内よりは割高でも日本の食材が手に入る。日本人は保冷剤とともにスーツケースに食材を重量制限ギリギリまで詰め込んでインドに持ち帰るのだ。しかし、厳密には肉や魚の輸入が禁止されているので、インドの空港で職員からワイロを要求されることもある。とにかく、日本人は食事の確保に必死なのだ。優れた調味料があれば食環境はかなり改善する。

もし、インドで簡単に日本の料亭の味を堪能できるならば、日本人社員のモチベーションも大幅に向上するだろう。

アリアケジャパンは、その技術力を武器に業績が絶好調だ。１９９１年に上場してから、減収だったのは２００９年３月期の１回だけ。２０１６年３月期は純利益が過去最高だった。２０１６年12月の台湾に続き、２０１７年にはインドネシアで新工場が稼働する予定。現在は全売上高の25％が海外向けだが、今後この比率は上昇していくだろう。

ハラール認証取得でイスラム圏へ

天然調味料メーカー大手の**焼津水産化学工業**は、魚介類を原料とした調味料を得意にしている。販売先はアリアケジャパン同様に全国の食品メーカーなどだ。1959年に静岡県で、魚の煮汁から飼料や肥料を製造する会社として創業した。調味料の製造販売は1964年から開始。

調味料のほか、カニやエビの殻から精製されるキチンやキトサン、キチンオリゴ糖などの機能性食品も製造している。

静岡県に本社を置く**日研フード**（非上場）は、畜肉・海産物・農産物などの天然素材から調味料を製造しており、世界40ヵ国で販売している。特にラーメン用調味料の扱いが多い。日本以外に中国とタイに生産拠点を持つほか、台湾とアメリカに販売会社がある。

ハラール認証とは、食材などがイスラム教の規則に従って安全に製造されたことの証明だ。イスラム教徒はハラール認証のある食べ物しか口にしないが、同社のタイ法人は2012年にハラール認証を取得した。

現在全世界に16億人以上のイスラム教徒がいる。宗教別の人口数ではキリスト教に次いで2位だが、いずれはイスラム教徒の人数が1位になると予想されている。海外展開をするためにはハラール認証が重要だ。

また、同社では調味料以外に、静岡という地の利を活かして粉末茶の生産も手掛けている。

富士食品工業（非上場）はＪＴのグループ企業で、神奈川県に本社のある調味料メーカー。１９３８年に東京都大田区で粉末醤油、味噌など非常用食品の製造で創業した。１９５２年には国産初の「固形コンソメスープ」を開発した。

海外展開も進んでおり、アメリカ、中国、タイ、マレーシアに製造拠点を持つ。マレーシア工場はハラール認証を取得済みだ。また、国内工場で製造したラーメンスープ、出汁、そばつゆ、牛丼の素、オイスターソースといった業務用調味料に「High Quality Seasoning」と名付けて輸出している。同社のＨＰには「日本の味を海外に輸出できます」とある。

愛媛県に本社のある**仙味エキス**（非上場）も天然調味料を製造している。売上高は30億円弱、社員数は２００人に満たない規模だが、中小企業研究センターが主催する「グッドカンパニー大賞・優秀企業賞」や、愛媛県経済労働部が主催する「えひめが誇るスゴ技１７２選」に選ばれている。規模は小さいがキラリと光る企業だ。

香料で日本の味を再現

香料というと多くの人は香水や芳香剤をイメージするのではないだろうか。それ以外ではシャンプーやリンスなどの香りを思い浮かべるだろうか。香料はこうした化粧品・トイレタリー分野に使用されるフレグランスと、食品・飲料に使用されるフレーバーに分類される。

食べ物の味を明確にして、差別化するには香料が必要だ。日本の味を海外で再現するには香料が欠かせない。

高砂香料工業は国内ナンバーワン、世界でもトップ5に入る香料メーカーだ。同社の売上高のうち約6割は食品・飲料向け。海外28の国と地域に拠点があり、全売上高のうち54％が海外向けだ。海外では原料や製法において宗教的な制約があるし、添加物の法規制が日本と異なることもある。これらの問題をクリアするのは楽ではないが、これまでの海外展開で培ったノウハウや経験が役立つ。

２０１７年３月にインドのチェンナイで新工場が稼働。２０１８年には20億円を投資してインドネシアに初めて工場を建設する。

国内香料メーカー2位は**長谷川香料**。創業は１９０３年で高砂香料工業よりも古い。多品種少量生産が特徴で、食品向けに約１万種、化粧品・トイレタリー向けに約３０００種の香料を製造している。海外売上比率は31％。

同社は２０１４年にマレーシアの香料メーカー、ペレスコル社を買収し、ＡＳＥＡＮにおける製造拠点を確保した。その後、マレーシアに新工場用の土地５万㎡を購入、２０１９年３月期までに25億円を投資して研究所併設の工場を建設する。新工場では粉末スープやスナック菓子向け粉末香料、清涼飲料水向け液体香料を生産する。

同社はマレーシアの製造販売拠点とタイ、インドネシアの販売拠点を連動させてＡＳＥＡＮでの事業拡大を進める。

塩分少なめでも塩辛く

曽田香料は１９１５年創業の中堅香料メーカー。東レが株式の50％を保有するが、三井物産も15％保有している。乳製品の香料素材であるラクトン類においては最多の種類を取りそろえていることから「世界のラクトンハウス」とも呼ばれる。

ＡＳＥＡＮでの事業拡大のため、２０１６年にはタイで合弁会社を設立、２０１７年７月から工場が稼働する予定。まずはタイに進出している日系の食品・飲料メーカー向けに販売する。また、２０１７年１月にシンガポールで合弁会社を設立した。

ＡＳＥＡＮ展開に備えてハラール認証の取得も進めており、２０１６年には野田（千葉県）、郡山（福島県）の2工場が取得した。今後タイ工場もハラール認証を取得するので、イスラム圏で販売しやすくなる。

小川香料（非上場）は1893年に大阪で芳香原料商として創業した。売り上げ規模は業界で3番手クラス。健康を意識した商品開発が得意で、塩味はするが実際は塩分が少ない香料や、甘さは十分にあるがカロリーを抑えた香料を天然素材から製造している。

同社は海外展開に熱心で、インドネシアと中国に生産法人を、台湾とシンガポールに販売法人を持つ。また、2016年には韓国事務所を開設した。インドネシアではハラール認証を取得済みだ。

大阪に本社を置く**長岡香料**（非上場）は1895年創業の中堅香料メーカー。低塩、低糖対策だけでなく、低脂肪食品向けの香料も生産している。消費者の健康志向を背景に、脂肪分を落とした低脂肪商品の開発が進められているが、脂肪分を抑えると物足りない味になってしまうことが多い。同社の香料「ファットブースター」は低脂肪食品の脂肪風味を増強させる働きをする。例えば、低脂肪のプリンやヨーグルト、クリームに加えると自然な乳脂肪感を実現できるし、焼き菓子に加えれば、低脂肪食品特有の粉っぽさがなくなる。

また、2011年に酒類製造免許を取得し、香料技術を活かしたリキュールやスピリッツの製造も行っている。海外では中国、台湾、韓国、シンガポールなどに拠点がある。

(2) 日本のマナーと日本語を輸出

外国人による日本のおもてなし

中国は経済成長や一人っ子政策による労働人口不足で人件費が上昇している。中国は「世界の工場」から「世界の消費市場」へと変化している。

最近の中国人は、モノやサービスそのものだけでなく、店の雰囲気、接客なども重視している。日本製品やサービスの人気が高くても、それらを中国に持ち込むだけでは喜ばれない。日本的な接客も伴っていなければ売り上げは伸びないのだ。

日本からは飲食、コンビニエンスストア、ウェディング、スポーツクラブ、料理教室など幅広いサービス産業が進出している。重要なのは日本的な「おもてなし」の精神に基づいた接客だ。日本人従業員が中国へ行って接客できればいいが、人数確保が困難であるし人件費が高くなってしまう。中国人従業員が日本式の接客マナーを身につけて業務を行うしかない。

総合人材サービスの**テンプスタッフ**（非上場）と教育・研修事業を手掛ける**ANAラーニング**（非上場）が提携し、中国内の日系企業で働く中国人従業員のマナー・ホスピタリティ向上研修を行っている。

研修はＡＮＡの客室乗務員経験のある中国人講師が行う。彼女たちは日本式サービスと中国文化の両方を理解しているので、受講生にとってわかりやすい研修を実施することができる。

一方、**パソナグループ**はグループ企業の**キャプラン**（非上場）がＡＳＥＡＮで現地従業員を対象にした人材教育事業を行っている。これまでイオンマレーシア、レクサスのベトナム販売代理店、トヨタ・モーター・ベトナムなどの現地従業員向けに研修実績がある。

２０１６年７月にはタイの流通最大手であるセントラル・グループと合弁で**キャプラン・タイランド**を設立。今後はバンコクという地の利を活かしてＡＳＥＡＮ諸国での研修業務を拡大させる方針だ。研修内容はビジネスマナー、異文化コミュニケーション、日本語と幅広い。また対象が新入社員、中堅社員、マネージャー、部長、役員など階層別に分けられていて、きめ細かいのが特徴だ。

講師は元日本航空国際線の客室乗務員のタイ人が務める。日本人講師にすると現地人が「日本人だからできるのは当たり前」といった意識を持ってしまう。ＡＳＥＡＮで研修を行うにはＡＳＥＡＮ出身者を講師にするのが重要だ。

「日本語の輸出」に貢献する企業

訪日外国人が増加するということは、日本語に興味を持つ人が増えるということ。また、訪日外国人といっても観光客ばかりではない。海外現地法人の従業員を技術研修などで日本に呼ぶ時には、日本語学習を研修に組み入れなければならない。そうしないと日本への入国ビザが発給されないのだ。今後は、日本語を海外へ広める、すなわち「日本語の輸出」が増えていく。

日本語を学ぶ外国人が増えれば、日本語学習教材の需要が高まるのはもちろん、日本語教師養成のための学校や教材の需要も増加する。

日本語教師になるための通信教育で定評のあるのが**アルク**（非上場）の「NAFL日本語教師養成プログラム」だ。アルクといえば英語教材のイメージが強いが、日本語教師養成プログラムの販売もしている。学習期間12ヵ月で価格は9万4000円。

同社は1970年から語学関連教材を販売しており、「ヒアリングマラソン」「キクタン」「英辞郎」などのヒット商品がある。企業内容、教材内容ともに信頼されている企業だ。

日本語教師になるには、以下のうちいずれかに該当することが求められる。

①日本語教育能力検定試験に合格する。

②大学・大学院で日本語を専攻、または日本語教育に関する科目を26単位以上修得する。

③各種教育機関の養成講座等で420時間以上の研修を受講する。

アルクの調査によれば、日本語教師養成スクールの授業料は約60万円、大学や大学院なら約80万円かかることが多い。スクールや大学によって金額はさまざまだろうが、アルクの「NAFL日本語教師養成プログラム」は割安だ。通学と通信教育はそれぞれメリットとデメリットがあるが、アルクのプログラム受講生はこれから増加していく可能性が高い。

日本語テキストを海外へ

千駄ヶ谷日本語教育研究所（非上場）は1975年に東京都渋谷区で、外国人が日本語を学ぶための日本語学校として設立された。その翌年に、日本人向けに日本語教師養成講座を開設。現在に至るまで、日本語学校と日本語教師養成講座を運営してきた。1970年代は日本語教育というものが一般にはあまり知られていなかった。

同校で学んだ日本語学習者は2万人を超え、その国籍は100ヵ国以上。養成講座修了生は1万人を超えている。

同校は長年にわたって地道な活動を続け、実績も上げていることから、日本語教育関係者の間で評価が高い。日本語を学ぶ人の増加とともに、日本語学校と日本語教師養成講座の両分野で入学者が増えるだろう。

海外に住んでいる外国人が日本語を勉強する場合は、まず日本語のテキストが必要だ。海外でも日本語テキストは作成されているが、日本で作られた教材が一番優れているのはいうまでもない。日本製の日本語テキストの輸出を手掛けているのが**日本出版貿易だ**。社名に出版とあるがジャスダック上場の商社だ。書籍、雑誌、語学教材、CD・DVD、雑貨などの輸出入を手掛けている。

書籍に関していえば、大手出版取次があるし、CD・DVDや雑貨などは商材ごとに貿易業者が数多く存在している。しかし、こうした商材を総合的に取り扱って貿易を行っている企業は同社だけだ。

同社は1942年に長期駐在や移民として海外に暮らす日本人に、書籍や雑貨を輸出する目的で設立された。しかし、今では外国に住む外国人を意識した商材の販売を強化している。日本の出版社が作った日本語教材の輸出が今後増えていくだろう。

（3）資源小国日本が「資源」を輸出

メタンハイドレートが変える日本

日本の国土面積は世界61位の広さ。ところが、排他的経済水域（ＥＥＺ）の面積は４４７万㎢と、国土面積38万㎢の約12倍もあり、世界6位だ。実は日本は広大な国といえなくもない。

もし、この広大な排他的経済水域の海底に資源が埋まっているとしたらどうだろう。日本は資源大国ということになる。日本といえば資源を輸入する国というイメージが強いが、「日本発」の資源を輸出する国に変わるかもしれない。

メタンハイドレート（ＭＨ）とはシャーベット状の天然ガス。角砂糖1つ分のＭＨに牛乳瓶1本分のメタンガスが含まれている。ＭＨは排他的経済水域の海底に大量に埋まっている。日本人が使用する天然ガスの１００年分以上が日本の海底に存在している、との試算もある。極端なことをいえば、ＭＨを安定的に低コストで掘り出せるならば、石油も天然ガスも輸入する必要がない。それどころかＭＨの輸出国になれるのだ。

ＭＨは北海道南部から青森県の太平洋岸、茨城県沖、新潟県沖から富山湾、静岡県から九州東部沖の南海トラフなどに埋蔵されている。

２０１３年、日本は世界で初めて海底のＭＨからガスを産出することに成功した。この時は、南海トラフで６日間かけて約12万㎥のガスを産出したのだが、７日目にパイプに砂が詰まり作業は中止された。

作業が中止になったことで、「ＭＨの採掘には手間がかかりすぎる」「費用負担が重くて採算が合わない」などと実用化を疑問視する意見が多く出た。しかし、その後も研究が進み２０１７年４月には前回と同じ海域で再び産出試験を開始した。

また、日本海側ではＭＨが海底の表面に結晶状態で露出しているので、低コストでの採掘が可能であることもわかってきた。

メタンハイドレート開発リーダー

石油資源開発は１９５５年に石油・天然ガスの探鉱や開発を担う会社として創業した。現在、国内では石油開発の最大手。

国内のＭＨ開発ではリーダー的存在で、国が２０１３年に行った産出試験では運営役を担った。２０１４年には、ＭＨの開発研究を進めるために、石油開発会社やエンジニアリング会社11社により日本メタンハイドレート調査株式会社（ＪＭＨ）が設立されたが、石油資源開発が筆頭株主で、社長は同社副社長の石井正一氏。石油資源開発は南海トラフ海域に権益を保有しているので、ＭＨが事業化された場合のメリットはとてつもなく大きい。

日本海洋掘削は海洋での石油・天然ガス田の掘削を手掛ける国内唯一の企業。同社の技術はＭＨ掘削でも力を発揮する。２０１７年にＪＭＨが実施するＭＨ産出試験では、日本海洋掘削が作業を受注した。

同社は国立研究開発法人**海洋研究開発機構**が保有する地球深部探査船「ちきゅう」を使用して掘削を行う。「ちきゅう」は地球深部のマントルを採取するために建造されたが、最近は資源探査にも活用されている。「ちきゅう」を建造したのは**三井造船**と**三菱重工業**。

ＭＨを採取するには海底の状況をしっかりと把握しなければならない。**川崎地質**は地質調査の専門企業で海洋分野に強い。音波探査で海底下の地層断面情報を視覚的に得ることができる。また、無人潜水機を駆使して海底を調査し、収集したデータの解析も行っている。

そのほか、同社は海底重力計を使用して海底でも陸上と同じ精度の重力測定ができる。同社の重力測定によって、海底下の深いエリアの基盤構造・密度構造の推定が可能になる。

海底作業が得意な企業

鉱研工業はボーリングマシンのトップメーカーであるとともにボーリング工事の施工会社

でもある。自社のマシンを実際の工事で試しながら製品開発を進めてきた。MHの掘削事業が本格的に始まれば、各地の現場で同社のマシンが使用される可能性が高い。

MHを採掘することで地盤沈下が起きる危険性を指摘する専門家がいるし、地震を誘発するのではないかとの指摘もある。そこで、地質調査最大手である**応用地質**の存在が重要になってくる。同社は2001年からMHの開発事業に参加してさまざまな研究に従事してきた。

中でも注目は、海底下のMHを採取するときに、地盤変形を監視する技術の研究だ。同社はMHそのものを生成し、水深1000m以上の海底地盤状況を再現するような試験装置を作製した。

最後に**三井海洋開発**について述べておかなければならない。石油・ガス開発の舞台は、陸上から海洋へと移行しつつあり、近年では水深1500mを超える深海油田も開発されている。

同社は海洋油田からの石油・ガスの生産を、油田のある洋上で行うための「浮体式海洋石油・ガス生産設備」の設計・建造・リースを行っている。同社の技術はMHの採取にも活用できるため、その動向が注目されている。しかし、今のところ、同社はMH開発に直接は関与していない。「MHの生産方法が確立されていないため対応できない」というのがその理由だ。しかし、「将来的にＭＨの商業化が実現した場合、ＭＨ生産プラントを搭載するプラットフォームとして浮体式生産設備の適用は可能」とコメントしていることから、社内ではさまざまな研究・調査が行われているようだ。

マンガンノジュール、レアアース

海洋研究開発機構などの調査で、南鳥島周辺の排他的経済水域の海底（水深５５００〜５８００ｍ）に大量のマンガンノジュールとレアアース泥が存在することが明らかになった。マンガンノジュールとはマンガンの団塊という意味で、直径５〜10㎝のものが多い。名称にマンガンとあるが、マンガンの含有率は20％程度で、残りはコバルト、ニッケル、銅、モリブデンなどのレアメタルやベースメタルが含まれている。一言でいえば希少資源の塊だ。

この希少資源の塊が南鳥島周辺の海底に密集しているのだが、そのエリアは４万４０００㎡と、北海道の面積のほぼ半分に相当する。マンガンノジュールの量は約２億ｔと推定される。

またレアアースを豊富に含んだレアアース泥の存在も確認された。レアアースとはハイテク産業に必要な17元素の総称。その中でも原子炉制御・光磁気ディスク・蛍光塗料の材料として使用されるジスプロシウムが重要だが、南鳥島周辺のレアアース泥にはジスプロシウムが大量に含まれている。レアアース泥は海底面からわずか30㎝下に埋まっているので採取しやすい。

レアメタル、レアアースは中国に偏在していて、日本は100%輸入に頼っている。2010年に中国が輸出を制限したことで、日本企業は大きな打撃を受けた。南鳥島周辺でマンガンノジュールとレアアース泥を採取して商品化できれば輸入の必要がなくなるだけでなく、日本が輸出国になれる。

マンガンノジュールとレアアース泥の採取で活躍する企業は、MHの採掘で活躍する企業とほぼ同じだ。

「日本」を輸出する企業

〈調味料〉	
アリアケジャパン	天然調味料で国内トップ。ほとんどの大手食品メーカーや外食企業が同社の調味料を使用。
焼津水産化学工業	天然調味料メーカー大手。魚介類を原料とした調味料が得意。機能性食品も手掛ける。
日研フード	天然調味料メーカー。世界40ヵ国で販売。特にラーメン用調味料の扱いが多い。非上場。
富士食品工業	JTグループ。マレーシアでハラール対応調味料によって日本の味を再現。非上場。
仙味エキス	愛媛に本社。グッドカンパニー大賞・優秀企業賞に選ばれるなど経営体質良好。非上場。
〈香料〉	
高砂香料工業	国内首位、世界でもトップ5の香料メーカー。海外28の国と地域に事業所がある。
長谷川香料	香料メーカー国内2位。マレーシア、タイ、インドネシアの3拠点連動でASEAN強化。
曽田香料	中堅香料メーカー。東レと三井物産が大株主。乳製品の香料素材のラクトン類に強い。
小川香料	1893年創業。インドネシアと中国に生産法人、台湾とシンガポールに販売法人。非上場。
長岡香料	1895年創業。低塩、低糖、低脂肪食品向けの香料に定評。酒類製造免許保有。非上場。
〈日本のマナー〉	
テンプスタッフ	中国内の日系企業で働く中国人従業員のマナー・ホスピタリティ向上研修を行っている。
ANAラーニング	中国内の日系企業で働く中国人従業員のマナー・ホスピタリティ向上研修を行っている。
パソナグループ	人材派遣の草分けで業界3位。グローバル展開に積極的で、14地域に52拠点を展開。
キャプラン	パソナグループ傘下の総合人材会社。JALとの関連強く、元CAが講師を務めることが多い。
キャプラン・タイランド	キャプランとタイの流通最大手セントラル・グループの合弁会社。現地人対象に人材研修。
〈日本語〉	
アルク	多くの日本語教育関係者が「NAFL日本語教師養成プログラム」を高く評価。非上場。
千駄ヶ谷日本語教育研究所	外国人が日本語を学ぶための日本語学校と、日本人向けの日本語教師養成講座を運営。
日本出版貿易	書籍、雑誌、語学教材、CD・DVD、雑貨などを輸出入。アメリカとイギリスで小売りも。
〈資源〉	
石油資源開発	国内のメタンハイドレート開発でリーダー的存在。上場企業だが政府が株式の34%保有。

日本海洋掘削	海洋での石油・天然ガス田の掘削を手掛ける国内唯一の企業。石油資源開発が筆頭株主。
海洋研究開発機構	文科省所管の国立研究開発法人。海洋立国を目指して海洋資源の調査を推進。
三井造船	地球深部探査船「ちきゅう」を建造。造船メーカー大手で三井海洋開発の親会社。
三菱重工業	地球深部探査船「ちきゅう」を建造。大深度有人潜水調査船「しんかい」も建造した。
川崎地質	海洋分野が得意な地質調査会社。無人潜水機を駆使して海底を調査しデータ解析も。
鉱研工業	ボーリングマシンのトップメーカーであり、ボーリング工事の施工会社でもある。
応用地質	地質調査の最大手企業。メタンハイドレート採取と地盤変形の関連を研究。
三井海洋開発	海外売上比率100%のグローバル企業。浮体式海洋石油・ガス生産設備を設計、建造、リース。

第六章　ＱＯＬ向上に貢献する企業

(1) これから出番の増える土壌浄化ビジネス

さらに延びる平均寿命

厚生労働省の調査では、2015年の日本人の平均寿命は女性87・05歳、男性80・79歳で、いずれも過去最高を更新した。女性は世界2位で、男性は4位。2014年と比べて女性が0・22歳、男性は0・29歳延びた。日本人の平均寿命は戦後ほぼ一貫して延び続けているが、医療技術の進歩などでまだ延びる余地があると見られている。

寿命が延びたのは喜ばしいことだが、年数だけでなく人生の中身、生活の質(QOL=Quality of Life)が重要だ。誰もが環境の良好な場所で、健康的に豊かな気持ちで過ごしたいと願っている。この章ではさまざまな分野でQOL向上に貢献する企業を紹介する。

QOLの基本は足元から

衣食住の中で「住」について考える場合、日当たりなどの立地、交通手段や買い物などの利便性、間取りなどがポイントになるだろう。しかし、足元の土壌についてチェックするのを忘れてはいないか。

土壌汚染は人体に深刻な影響を与える。住居や仕事場の土壌がきれいかどうかは、ＱＯＬの基本中の基本だ。これまで土壌汚染が話題になることは多くなかったが、東京都の豊洲市場移転問題をきっかけに土壌汚染が大きく注目されている。今後、土壌調査や土壌浄化の需要は増加していく。また、国内だけでなく海外でもビジネスが拡大する。特に新興国は急速に経済発展したが、環境面への配慮は疎かにされてきた。土壌汚染の深刻なエリアは多いはずだ。土壌浄化をしなければ、調和の取れた成長を続けるのは難しい。

ここでは土壌関連企業について取り上げる。地味ではあるが、今後ますます重要になってくる企業群だ。

東京都港区に本社のある**タツノ**（非上場）はガソリンスタンド（ＧＳ）で使用される機器を製造するメーカーで、ガソリン計量機では世界3位、国内シェアは6割と断トツ。計量機だけでなくガソリンタンクや地下タンク在庫管理用油面計などの製造を行っているほか、ＧＳの設計施工も請け負っている。海外展開にも熱心で、東南アジアを中心に輸出先は75ヵ国以上にのぼる。

埋設後40年以上経過したＧＳの鋼鉄製のタンクは老朽化によって腐食し、穴があいてガソリンが漏れて土壌が汚染されてしまうことがある。そのため、同社では当時の顧客からの要請を契機に１９７９年からＧＳの地下や周辺地域の土壌調査を事業の一つとしたが、この分野の裾野が徐々に拡大し、２０００年に環境事業部を設立した。

同社は現場の土壌調査から分析、土壌浄化までを自社内で行う。一般的な土壌汚染調査会社は調査をボーリング会社に、分析は分析会社に外注するケースが多い。同社は一貫して請け負っているので業務遂行が早いし、顧客の細かな注文にも対応しやすい。

２０１６年には横浜市鶴見区にある環境分析室を建て替えた。ここでは土壌汚染対策法・水質汚濁防止法の対象になっている汚染物質すべての分析を行うことができる。全国から採取された検体が送られてきて、それを分析している。環境分析室は全面ガラス張りでクリーンなイメージになっており、通常見ることができない分析風景を見学することができる。

さらに土壌汚染対策法の対象外の油分の分析能力に定評があり、同業他社から油関連の分析業務を受託することもある。

同社は土壌浄化の工事も行っており、工法としては微生物や化学物質を使用する方式、地中にパイプを通して気化した有害物質を吸引する方式などがある。土壌処理プラントを保有していないので、掘削した汚染土を浄化する場合は他社プラントに委託する。

これまで同社ではＧＳ関連の仕事が多かったが、今後は、ゼネコン、各種工場、病院、クリーニング店などの土壌調査、浄化工事も増やしていく方針だ。

世界へ飛躍する日本の環境技術

ＤＯＷＡエコシステム（非上場）はＤＯＷＡホールディングスの事業子会社で、環境・リサイクルビジネスを手掛ける。土壌浄化はＤＯＷＡエコシステムの主要事業の一つだ。

ＤＯＷＡホールディングスの原点である同和鉱業は１８８４年に秋田県の小坂鉱山で鉱山ビジネスを開始した。鉱石から不純物を取り除いて、必要な資源を抽出する技術が土壌浄化に応用されている。

ＤＯＷＡエコシステムは土壌汚染に関する探査・調査から、汚染地域の土壌浄化、プラントでの汚染土無害化、埋設物処理まで全部行っている。もともと鉱山会社なので、見えない地下から鉱脈を探し出す技術がある。この技術を使って汚染箇所を探し出して、範囲を確定することができる。

汚染といっても状況はさまざまだが、同社には数多くの浄化ノウハウがある。

重金属に汚染された土地の浄化で注目されるのは「ＤＭＥ工法」。重金属を含んだ土壌から磁力により重金属を取り出して浄化する。重金属を抽出した後の土壌は環境基準を満たす浄化土として再利用が可能になる。この工法は水を使用しないため排水処理設備が必要なく、従来の土壌洗浄法より費用が大幅に少なくて済む。

揮発性有機化合物（ＶＯＣ）とは、トルエン、ベンゼン、フロン類などを指す。これらは溶剤、燃料として幅広く使用されているが、気体となって大気中に放出されると健康被害を引き起こす。

このＶＯＣに汚染された土壌を浄化するために、同社の開発した土壌浄化用鉄粉が役に立つ。ＶＯＣは鉄粉に反応することで分解されて、一気に無害なエチレンに変化してしまうのだ。鉄粉は地下水の浄化にも利用できる。

また、油汚染土に対しては、土壌に栄養塩を注入し、微生物を活性化させてその働きで油分を分解する技術を持つ。産業廃棄物などの埋設物は同社が保有する日本最大規模の焼却施設で処分する。

国内だけでなく、中国、台湾、タイ、シンガポール、インドネシアでも土壌浄化に携わっている。これまで新興国の環境基準は緩かったため、今後、土壌汚染問題が表面化する可能性がある。同社が活躍する機会が増えることだろう。

井戸掘りから土壌浄化ビジネスへ

名古屋に本社のある**ダイセキ環境ソリューション**は土壌汚染の調査、土壌洗浄、汚染土の「セメント原料化」を行っている。リサイクルセンターで汚染土壌を水で洗浄し、鉛やヒ素、カドミウムなどの有害金属を取り除き、残った土は埋め戻し材などに利用できるようにする。洗浄の際に使用した廃水は再処理を施し、プラント内で再利用している。

また、汚染土壌をリサイクルセンターでセメント原料へ改質し、セメント会社へ販売することも行っている。汚染された土地の浄化を早期に完了させなければならない時は、汚染された土壌を掘削し場外搬出するケースが多い。場外搬出された汚染土壌を、環境に配慮しつつ安価に処理するのに適した方法が、セメント原料への再資源化なのだ。

同社は名古屋以外に横浜と大阪にもリサイクルセンターを保有しており、３ヵ所合わせて年間１００万ｔの処理能力がある。水銀や廃石膏ボードのリサイクル、廃食油から製造したバイオディーゼル燃料の販売も手掛けている。

ゼネコン準大手の熊谷組の子会社である**テクノス**（非上場）は、土壌浄化のほか、トンネル工事用特殊機械の製造、耐震補強工事などを請け負っている。自社で手掛けた土壌調査に基づいて汚染対策工事を行い、同社のリサイクルプラントで汚染土を処理する。同社は重金属汚染、ＶＯＣ汚染、油汚染に対応するプラントを持つ。熊谷組がトンネル工事に強いことから、土壌に関連したビジネスが得意だ。

山形県に本社のある**日本地下水開発**（非上場）は井戸掘りで創業し、温泉の掘削工事も手掛けている。土壌・地下水管理のプロフェッショナルであり、現在では土壌・地下水汚染対策ビジネスに力を入れている。

同社は水平井戸によるガス吸引や汚染水くみ上げを得意としている。これはアメリカの石油掘削技術を応用した浄化法だ。建物や工場の地下が汚染されている場合に、垂直に井戸を掘るのではなく、工場や建物から少し離れた場所より斜めに井戸を掘ってガス吸引と汚染水くみ上げを行う。地上の建物をどかす必要がなく、工期が短くて済む。

同社はくみ上げた地下水を使って雪を溶かす消雪システムや地中熱・地下水熱を利用した冷暖房システムの開発も進めている。

センサーで地下の空洞をチェック

大栄環境グループ（非上場）は持ち株会社の大栄環境ホールディングスの下に事業子会社17社がぶら下がる構成になっており、近畿・中部・関東圏の20ヵ所で環境ソリューション事業を展開している。三重県内の施設では汚染土壌に添加剤を混ぜ、粒状にして埋め立て用の土にリサイクルしたり、1600℃超の高温処理で有害物質を無害化してガラスに閉じ込めたりしている。

東京都あきる野市に本社がある**成友興業**（非上場）の主力事業は建設事業と環境事業の2つ。建設事業では、主に道路や駐車場などの舗装工事を行っている。環境事業では、建設現場から発生する汚染土壌や汚泥、コンクリートなどを自社プラントで建設資材に再生し、工事現場で活用している。同社は東京都で唯一、汚染土壌の処理業許可を保有している民間企業だ。

２０１７年1月には東京都大田区に高度洗浄施設を備えた第2工場を新設した。投資額は約50億円。今後は隣接する第1工場と連携して汚染土壌のリサイクルを進める。

土壌汚染ではないが、地下で気になるのが空洞だ。空洞は陥没事故に直結する。特に道路や護岸で陥没が起きれば大事故を引き起こすため、少しでも早く空洞を見つけ出さなくてはならない。

東京都大田区に本社のある**ジオ・サーチ**（非上場）は高解像度センサーを搭載した自動車（スケルカー）を走らせて道路地下の空洞調査を行っている。スケルカーは一日当たり１００km の道路下のデータを集めることができる。２０１６年の熊本地震や鳥取県中部地震の後に、スケルカーを走らせて空洞が生じていないか調査を行った。また、同年に福岡市で道路陥没事故が起きた時には、周辺道路での安全調査を実施。埋め立て工事終了後に数cm の地盤沈下が起きたことから、埋め立て復旧箇所での空洞調査も行った。また、同社は道路地下のガス管、水道管、通信ケーブル、電線などの位置確認調査も行っている。新たな埋設物の敷設や既存埋設物の移設工事をする前には欠かせない調査だ。

(2) これからは木造建築の時代

木造10階建ても可能

日本の住宅は、木造・鉄骨構造・鉄筋コンクリート構造の3つに分けられる。それぞれ一長一短あるが、QOLを意識するならば今後は木造が増えていくのではないだろうか。

まず、「木」には、吸湿・放湿の働きがある。室内の空気が乾燥してくると、木は蓄えていた水分を空気中に放出し、逆に湿気の多い時季には、空気中の水分を吸収する。人間が快適に暮らせるよう室内の湿度をコントロールする機能があるのだ。

また、「木」は、断熱性も優れている。鉄やコンクリートと比べると、熱を伝えにくい性質を持っている。暑い季節は外の熱気を遮断し、寒い季節は室内の暖かさを逃がさない。

さらに「癒やし機能」もある。壁や床に使用した木材の木目に視覚的な癒やし効果があるといわれている。室内の音を適度に吸収しながら、音に丸みと深みを与えるので聴覚的な癒やし効果もある。多くのコンサートホールの内装に「木」が使われているのはこのためだ。

木造建築は鉄骨や鉄筋コンクリートに比べて弱いというデメリットがあったが、CLT(Cross Laminated Timber)という集成材を使用すれば8〜10階建てのビルを建てることが可能だ。実際にヨーロッパではＣＬＴを使った中高層ビルが珍しくない。

ＣＬＴとは木から切り出した数枚の板を、繊維方向が直角に交わるように重ねて積層接着した板材のこと。板を直交で組み合わせているため、板の反りや収縮による寸法変化が少ない。強度は高く、コンクリートに匹敵する。普通の木材よりも耐火性に優れている。厚さ12～50㎜の板を縦横につないで数枚重ねるので、厚くて大きな面積のものも作ることができる。木の表面がそのまま見えるように活用すれば、木目や木の肌触りを感じられる心地いい空間ができあがる。

国は２０１０年10月に「公共建築物等における木材の利用の促進に関する法律」を施行し、国や地方自治体が公共建築物の建設において木材利用を増やす方針を明確にした。建築物の木質化は国策なのだ。２０１６年４月にＣＬＴ関連の建築基準法告示が公布・施行されたため、中高層の木造ビルを建てることが可能になった。ＣＬＴ活用の環境が整ってきたといえる。

日本は国土面積の約７割が森林という「森林大国」。戦後植林された日本の山林が伐採時期を迎えている。海外からの輸入に頼らなくても、国内の木材だけでＣＬＴの材料を十分にまかなうことができる。

岡山県に本社のある**銘建工業**（非上場）は、１９２３年に製材所として創業し、現在は集成材のトップメーカー。同社の中島浩一郎社長が日本CLT協会の会長を務めるなどCLT事業に力を入れている。ちなみにJR金沢駅の兼六園口にある高さ13・7mの鼓門《つづみもん》は同社が製造したCLTでできている。同社はおが屑《くず》や木の皮などを燃料として発電する木質バイオマス事業にも取り組んでいる。これまで長期間にわたり国内住宅メーカーと取り引きしているため、同社の営業基盤は強固で業績は安定している。

銘建工業のグループ会社で高知県に本社のある**高知おおとよ製材**（非上場）は、2014年3月にCLTを構造材に使用した3階建ての社員寮を建設、国内のCLT建造物第1号になった。高知県内には伐採時期を迎えたスギが多く、地元はCLT事業の進展に期待している。

愛媛県の製材会社**サイプレス・スナダヤ**（非上場）はCLT製造工場を建設中だ。本格稼働は2018年の予定。原料には愛媛県産のスギやヒノキを利用する。原木からCLTまでを一貫生産する工場は全国初となる。

福島県に本社のある**会津土建**（非上場）はCLTを使用した建築に熱心だ。2010年には会津のシンボルの鶴ヶ城のお堀端にカフェを建設し、床と屋根にCLTを使用した。当時の規制によって構造材としては使用できなかったが、CLTが本格的に使用されたのは日本で初めてのことだった。

福島県はＣＬＴ工法を災害公営住宅整備に導入する。今後、福島市に2棟60戸、いわき市に2棟51戸建設する予定だ。県内にＣＬＴ製造工場がないため、輸送費がかさむという問題はあるが、同社のＣＬＴ事業にとってはフォローの風が吹いている。

ツーバイフォー工法トップの**三井ホーム**は、ツーバイフォー工法にＣＬＴを取り入れた建築に取り組んでいる。２０１６年には新しい取り組み第1号としてグループ会社の加須工場内事務所棟が竣工した。同事務所はツーバイフォー工法で建てられたが、床・外壁・天井部分にＣＬＴが使用された。同社がＣＬＴの断熱性や遮音性に注目しているのはもちろんだが、中高層の建築物を建てるためにＣＬＴを活用する狙いもあるようだ。

そのほか**竹中工務店**は鉄筋コンクリート建造物の耐震工事用パネルとしてＣＬＴを利用する工法を開発した。

(3) 健康寿命を延ばしてくれる企業とは

拡大する糖質制限マーケット

ただ単に平均寿命が延びても意味がない。ＱＯＬを考えるならば、心身の健康は基本中の基本だ。ここでは心身の健康に直接役立つ企業を紹介する。

３大栄養素のタンパク質、脂質、糖質のうち、糖質の摂取量を減らす食事健康法を「糖質制限」または「糖質制限ダイエット」という。国内では２０００年代に入ってから糖質制限が少しずつ広まってきたが、当初は「糖質の制限はかえって健康に悪い」といった否定的な意見も多かった。

しかし、現在では「健康に有効である」との評価が定まったといえるのではないか。体質や持病によって糖質制限が適さない人もいるが、多くの人の健康増強に役立っているのも事実だ。伊藤忠商事の岡藤正広社長は糖質制限の実践者として有名だが、実践するビジネスマンは確実に増えている。関連市場３０００億円を突破したといわれているが、今後さらに拡大するだろう。

それでは、関連企業を紹介する前に糖質制限について説明する。

糖質を大量摂取すると、血糖値の上昇を抑えるためにインスリンが分泌される。しかし、高血糖状態が続くと、インスリンの能力は低下していく。血糖値を下げる唯一のホルモンであるインスリンの能力が低下すると、血糖値の上昇に歯止めがかからなくなってしまう。要するに糖尿病になってしまうわけだ。

糖尿病になると血流は悪くなり、細い血管が集まる網膜や手足に負担がかかり、失明や四肢切断に至ることは珍しくない。また、血管の弾力性が失われることで、動脈硬化症を招き、心臓病や脳卒中のリスクも高まる。高血糖状態の体は、がん細胞にエネルギー源であるブトウ糖を与え、がんが増殖しやすいともいわれる。

血糖値上昇が体に悪影響を与えるならば、糖質の摂取を制限して血糖値の上昇を抑えようというのが糖質制限の考え方だ。余剰な血糖が中性脂肪として蓄えられることがなくなれば体重も減る。

糖質というと「糖」という文字から甘いものと思われがちだが、糖質イコール甘いものという意味ではない。もちろん砂糖に糖質は含まれているが、コメ、小麦、イモ類にも多くの糖質が含まれている。

価格は砂糖の10倍でも大人気

ヤシノミ洗剤で有名な**サラヤ**（非上場）が製造販売する甘味料「ラカントＳ」の売り上げが大きく伸びている。

ラカントＳは羅漢果のエキスからできている。羅漢果とは中国でしか栽培されていない果実で、古来、漢方薬として用いられてきた。サラヤの独自技術で抽出した羅漢果エキスには、砂糖の３００倍という強い甘みがある。砂糖と同じ甘みを得るのにわずか３００分の１の量しか必要ないので、実質的には糖質ゼロとなるわけだ。

ラカントSの優れている点は2つある。1つめは美味しさ。甘味料の中には、砂糖とはかけ離れた味の「美味しくない」ものも珍しくない。しかし、ラカントSの味は砂糖の味に非常に近い。その美味しさは、人気パティシエの鎧塚《よろいづか》俊彦氏が甘味料としてラカントSを使っていることでも証明されている。

2つめは天然由来なので安全性が高いこと。低カロリー甘味料には大きく分けて、人工甘味料と天然由来甘味料の2種類がある。人工甘味料は工業的に生産するため安価なのが利点だが、研究が進められるにつれて、危険性が指摘されて市場から消える商品もある。糖質制限をする人は健康志向が強いので、天然由来成分というのは非常に大きな魅力だ。ラカントSの価格は砂糖の10倍だが、品質が優れていることから売上高拡大が続いている。

国内の砂糖を含めた甘味料市場の規模は約2600億円だが、低カロリー甘味料の市場規模は約130億円とシェアは5％に過ぎない。健康志向の高まりとともに低カロリー甘味料が注目され、ラカントSの売り上げも伸びていくだろう。

すでに、アメリカ、カナダ、中国などでも販売されているが、2017年にはマレーシアで販売を開始し、今後はイスラム諸国での拡大を目指している。

コンビニのパンを食べて糖質制限

ローソンで販売されている「ブランパン」をご存じだろうか。糖質制限を実践している人たちの間で人気のパンだ。小麦の外皮（ブラン）を材料にすることで糖質を制限している。糖質の量は通常の小麦粉を使ったロールパンの16％程度に過ぎない。このブランを製造しているのが福岡県に本社のある**鳥越製粉**。小麦粉やでんぷんを使用しないでブランのみでパンを作るのは特別な技術が必要だが、同社は国内とアメリカ、ヨーロッパでブランパン作りの特許を持っている。

２０１２年からローソンにブランを供給しているが、今後は製パン会社にも販売していく方針だ。また、ブランパンのミックス粉の販売もしている。ホームベーカリー（家庭用自動パン焼き機）があれば、家庭でブランパンを焼くことができる。

さらに、ブランを使用したホットケーキミックス粉、お好み焼きミックス粉、パスタ用ミックス粉なども販売している。パン以外の食品でも低糖質を実現したのだ。

同社は１８７７年に福岡県で米穀・雑貨商として創業、１９４０年に製粉・精麦業に転換した。焼酎用精麦では業界首位を誇っている。

チルドデザートを製造販売している**モンテール**（非上場）は、低糖質のプチシュークリーム、エクレア、クレープ、ロールケーキを開発した。小麦粉にブランを配合しているほか、甘味料は天然由来でカロリーのほとんどないエリスリトールを使用している。

麺メーカーの**シマダヤ**（非上場）は国産小麦粉を使用し、糖質を40％削減しながらうどん本来の食感を維持したうどんを開発した。うどん1食で一日に必要な量の食物繊維も摂取できるヘルシーうどんだ。シマダヤは食塩ゼロのうどんやソバも作るなど、健康を意識した事業展開をしている。

青森県に本社のある**太子食品工業**（非上場）は、主に豆腐・納豆など大豆加工食品の製造を手掛けている。同社は国産こんにゃく粉と国産大豆豆乳を使用した糖質0ｇの麺を開発した。普通のもやしに比べてイソフラボンが25倍も多く含まれた小大豆もやしの販売もしている。イソフラボンは、骨の形成・維持に寄与するので、骨粗《こつそ》鬆症《しょうしょう》の防止に役立つ。

手芸は映画より市場規模が大きい

手芸というとどんなイメージを持つだろうか。あらゆる分野でハイテク化が進んでいる中で、野暮ったいイメージを持つ人が多いかもしれない。低価格の衣料品が溢れている今日、ハンドメイドの服など採算が悪くて無意味だと思う人もいるだろう。

しかし、手芸は趣味の王道であり、手芸関連市場の規模は４０００億円もある。映画の市場規模が２２００億円、音楽ソフトが２５００億円であることと比較すると、その存在の大きさがよくわかる。効率や合理性を求める時代だからこそ、手芸を通じて得られる心の安らぎや楽しみを重視する人が多い。手芸は心の栄養なのだ。

高齢者に向けたリハビリとして、または子供の知育用ツールとして手芸は注目されている。手芸はすべての世代の人々に支持されているし、最近では外国人の間で日本の手芸用品の人気が高い。手芸関連企業は今後の成長が期待される優良企業なのだ。

手芸専門店の売上高1位は名古屋市に本社のある**藤久**。１９５２年に名古屋市で「後藤縫糸」として絹糸類の加工販売で創業。「クラフトハートトーカイ」、「クラフトパーク」といった名称の店舗を全国で４９７店展開する（２０１６年12月時点）。２０１６年６月期の売り上げは２１８億円。出張形式も含めて手芸教室の展開に熱心だ。

２位は東京都大田区に本社のある**ユザワヤ商事**（非上場）。店舗名は「ユザワヤ」で全国に約60店ある。売上高は１８０億円規模で藤久を下回るが、関東圏では圧倒的な知名度と高いシェアを誇る。同社は１９５５年に大田区で「湯沢屋毛糸店」として創業、現在に至る。

３位は**イオンリテール**（非上場）で年商は１４０億円規模。同社は「パンドラハウス」という名称の手芸専門店を全国のイオンの商業施設内に展開している。店舗数は約３８０店。

香川から全国へ拡大

４位は香川県に本社のある**小野**（非上場）。関東・関西・中四国地区で大型手芸専門店

「ドリーム」を79店展開している（２０１７年4月末時点）。２０１６年7月期の売上高は58億円。上位2社の売上高がここ数年あまり変化がないのに対して、小野は２０１１年7月期から5年間で売上高が16億円も増えた。店舗は16店増加したが、無理な経営をしているのではない。実質借金ゼロの超堅実経営だ。

小野は初代の小野耕作氏が１９１１年に贈答品問屋として創業した。耕作氏は現社長の小野兼資氏の曾祖父にあたる。その後、１９５１年に手芸品問屋に事業転換。１９８９年に兼資氏が入社し小売業に進出する。社内には反対意見もあったが、「問屋業は先細りなので、小売業に進出するしかない」（兼資氏）との覚悟で出店した。

1号店は香川県ではなく、瀬戸内海対岸の岡山県。問屋が小売業界に進出すれば、取引先の小売店とライバルになってしまうので香川県内を避けたのだ。田んぼの真ん中の敷地３００坪、店舗面積１２０坪の店が業態転換の第一歩だった。まだ取締役になっていなかった兼資氏は、弟の修一氏と部下の社員1名、そして岡山で採用したパートとともに、盆・正月以外は年中無休で働いて実績を積み上げた。

当時の地方都市では「郊外型の手芸店などあり得ない」といわれたが、兼資氏には勝算があった。町の小さな手芸店では品ぞろえが少ないが、郊外型の大型店舗ならば品ぞろえが多く、さわり心地までチェックすることができる。買い物をしやすい広い店舗と広い駐車場、そして豊かな品ぞろえが多くの女性客から支持されると考えたのだ。

規模が拡大するとオリジナル商品を作れるようになる。店舗情報をもとに顧客ニーズに対応した商品をそろえれば売り上げは伸びる。また、オリジナル商品は競合店との価格競争がなく、問屋の介在もないので利益率が高い。売上高拡大↓オリジナル商品増加↓採算向上↓利益を出店費用に充当↓さらに売上高拡大、という好循環ができあがっている。

２０１６年6月にはヘルスケア事業部を立ち上げて、高齢者や難聴者向けのマイク・スピーカーセット「コミューン」の販売を開始した。高齢顧客への販売が期待できるし、店内での手芸教室の時に活用することもできる。約20万円の高額商品だが、金融機関や病院などでの採用が進んでいる。この商品によって顧客が個人だけではなく法人に拡大した。

小野の成功から日本企業の成功パターン２つを見ることができる。まず1つめは企業の伝統を維持しつつ、時代の変化に合わせて業態を転換させるというパターン。例えば、トヨタ自動車は布を織る織機で創業し、堅実経営の伝統は保ちつつ、自動車へ事業転換して世界トップクラスの自動車メーカーとなった。

小野も堅実経営という伝統を維持しながら、時代の変化に合わせて業態を贈答品問屋、手芸品問屋、手芸品小売りへと転換させてきた。

２つめは人口の少ない地方でビジネスモデルを構築し、その後、消費者の多いエリアに進出して成功したというパターン。具体例としては山口で創業したファーストリテイリング、広島の青山商事、岡山のはるやまホールディングス、北海道のニトリなどがある。小野も岡山でビジネスモデルを構築した後で関西、関東に進出して業績を伸ばしている。

関東は市場規模が大きいが、家賃も人件費も高い。兼資氏は「いきなりコストの高い関東で始めてもキャッシュがまわらない。ビジネスモデルを構築するためには、少ない資金でもビジネス可能な地方のほうが適している」と言う。今後はイベント参加や手芸教室の開講などを通じて関東地区での知名度を高め、集客力の向上につなげる方針だ。

(4) ウェアラブル製品がＱＯＬを向上させる

装着時間10秒のロボットスーツ

年を取れば体が思うように動かなくなる。また体に障害があれば行動が制約される。こうした状況を解決するのに有効なのがロボットスーツだ。これを着ると普段は絶対に持ち上げられない重量を持ち上げることができるし、そのほかの運動や作業も楽に行えるようになる。２０１６年に出版した拙著『みんなが知らない超優良企業』（講談社＋α新書）にはサイバーダインが製造しているロボットスーツ「ＨＡＬ」について書いたが、今回はサイバーダイン以外の企業のロボットスーツについて紹介していこう。

イノフィス（非上場）は東京理科大学発のベンチャー企業で、腰の動きを補助するマッスルスーツの開発販売を行っている（同社の製品名はロボットスーツではなくマッスルスーツ）。

同社は東京理科大学の小林宏教授が開発したマッスルスーツを事業化するために２０１３年に設立された。当初は**菊池製作所**の出資・経営支援を受けていたが、２０１５年に官民出資の投資ファンドである産業革新機構の出資も受けることになった。菊池製作所は試作品や金型を製作しているほか、ドローンの受託生産も行っている技術志向の高い会社だ。

いくつかの企業がロボットスーツを開発販売しているが、イノフィスの製品だけが空気圧を駆動源としている。その構造的特徴から、低コストで22～30kgの補助力を実現することができる。また着脱が容易であることも特徴で、２０１７年2月に発売された新モデルの場合、装着時間はたったの10秒だ。扱いやすいことから作業や介護の場面だけでなく、通常の生活の中でも気軽に使うことができる。

限りなく人の手に近い義手とは

岡山県に本社のある**ニッカリ**（非上場）は１９５９年に刈払機やそのほかの農業機械の製

造販売会社として創業した。当時の社名は日本刈取機工業だった。2014年に和歌山大学と共同でパワーアシストスーツを開発した（同社の製品名はロボットスーツではなくパワーアシストスーツ）。農業従事者の高齢化が進むなかで、農作業の負担を軽減するためにパワーアシストスーツを開発してきたが、これは農作業以外にも有用だ。

同社の最新のパワーアシストスーツは、使用者の歩行動作を検知して坂道や階段などあらゆる場所で歩行をサポートする。脚力の衰えた老人が散歩をするときや、庭に出る時などに装着しておけば体力消耗や転倒を防ぐことができるだろう。

メルティンＭＭＩ（非上場）は電気通信大学知能機械工学先端ロボティクスコースの横井浩史教授の研究室から生まれたベンチャー企業。従業員はわずか４人で全員が取締役だ。

ロボットスーツを着ればどんな人でも身体能力を拡大させることができる。それでは、事故や病気で手を失ってしまったらどうすればいいのだろうか。義手をつけることになるが、義手は思うように動かないのが普通だ。そこで、人の手と同じように動く義手を作ろうとチャレンジしているのがメルティンＭＭＩだ。

人間が手足を動かすと微弱な電気が発生する。これが筋電だ。筋電を解析して義手に覚え込ませることで義手を動かす技術を開発した。筋電義手は手首も思い通りに動かせるため、義手に合わせて体の他の部分を動かす必要がない。手を握りながら手首を返すなどの複合動作も可能だ。筋電義手で積み木をしたり、キャッチボールをしたりもできる。

さらに筋電義手に適した人工皮膚を自社開発して義手を覆っている。従来の義手に比べてリアルなシワと質感を実現しつつ、義手の動きを妨げない。

眼鏡でメンタルヘルスをチェック

ＱＯＬの基本は健康であるが、自分で体調管理するのはとても難しい。特に精神的な健康状態を客観的にチェックするのはたいへんだ。メガネチェーンを運営する**ジンズ**は社員の働き過ぎをチェックするサービスを展開している。

サービスを導入した企業の社員は眼鏡型のウェアラブル端末を装着して仕事をする。センサーが眼球の動きや頭の傾き、姿勢などから疲労、緊張、集中の度合いを測定し、上司はパソコンやスマホ画面で部下の状況をチェックする。働き過ぎで疲れているならば休ませるし、集中力が高まっているならば話し掛けないようにするなどの対応をする。客観的なデータが残るので、上司が独断で長時間働かせたり、無理して休ませたりすることはできない。

また、社員とすればいつ自分が仕事に集中していたかがわかるので、自分自身の働き方を検討するのに役立つだろう。このサービスの1社当たりの基本料金は１００万円。そのほかにウェアラブル端末1台が３万９０００円で、必要なアプリは1ヵ月５００円となっている。

そのほか、ウェアラブル端末は高齢者の見守りに貢献する。**セコム**はリストバンド型端末「セコム・マイドクターウォッチ」を開発した。端末が高齢者の異常を検知すると警備員が駆けつける仕組みだ。**象印**の「みまもりほっとライン」サービスでは電気ポットの使用状況から安否を確認する。ポットは身につけるわけではないが、ウェアラブルに近いサービスだ。

運動靴メーカーの**アキレス**、介護サービスの**ツクイ**、セキュリティ機器メーカーの**加藤電機**(非上場)の3社は、徘徊して行方不明になった認知症患者を発見するシステムを共同開発した。アキレスが開発した介護シューズに、加藤電機が開発した小型発信機を装着。患者がツクイの介護施設から抜け出した場合、施設職員や家族が電波を頼りに捜索する。

QOL向上に貢献する企業

〈土壌浄化ビジネス〉	
タツノ	ガソリン計量機で世界３位。１社で土壌調査から分析、土壌浄化まで。油分の分析に定評。
DOWAエコシステム	鉱石から不純物を取り除く技術を土壌浄化に応用。新興国でも土壌浄化ビジネスを展開。
ダイセキ環境ソリューション	本社・名古屋と横浜、大阪にリサイクルセンターを保有。合計処理能力は年間100万ｔ。
テクノス	ゼネコン準大手の熊谷組の子会社。土壌洗浄のほか、トンネル工事用特殊機械の製造も。
日本地下水開発	本社は山形県。井戸掘りで創業し、現在では土壌・地下水汚染対策ビジネスに注力。
大栄環境グループ	近畿・中部・関東圏の20ヵ所で環境事業を展開。1600℃超の高温処理で有害物質を無害化。
成友興業	東京都で唯一、汚染土壌の処理業許可を保有している民間企業。道路建設も手掛ける。
ジオ・サーチ	道路地下の空洞調査を展開。福岡市の道路陥没事故の際には、周辺道路の安全調査を実施。
〈木造建築〉	
銘建工業	集成材のトップメーカー。JR金沢駅の兼六園口にある鼓門は同社のCLTで建設。
高知おおとよ製材	銘建工業グループ。国内でCLTを構造材に用いた建造物第1号を建設。非上場。
サイプレス・スナダヤ	愛媛県本社。2018年にCLT製造の新工場稼働予定。原料には愛媛県産のスギやヒノキを使用。
会津土建	福島県本社。2010年に部分的にCLTを使用した建築を実施した実績あり。非上場。
三井ホーム	ツーバイフォー工法にCLTを取り入れた建築に取り組む。2016年には新工法第1号が竣工。
竹中工務店	大手ゼネコン。鉄筋コンクリート建造物の耐震工事用パネルとしてCLTを利用する工法を開発。
〈健康寿命を延ばす〉	
サラヤ	天然由来甘味料ラカントSを販売。糖質ゼロのため糖質制限ダイエットをする人達から大人気。
ローソン	鳥越製粉が作ったブランでパンを焼いて販売。糖質制限愛好家の間ではローソン人気が高い。
鳥越製粉	小麦の外皮（ブラン）を材料にしたパンを作る特許を保有。ブランは糖質の量が少ない。
モンテール	低糖質のプチシュークリーム、エクレア、ロールケーキを開発。小麦粉にブラン配合。
シマダヤ	国産小麦粉を使用し、糖質を40%削減したうどんを開発。食感は従来のうどんと同じ。
太子食品工業	青森県本社。国産こんにゃく粉と国産大豆豆乳を使用した糖質ゼロの麺を開発。非上場。

〈手芸専門店〉	
藤久	手芸専門店のトップ。本社は名古屋にあり、全国に約500店。手芸教室の展開に熱心。
ユザワヤ商事	売上高は業界2位だが、関東圏では圧倒的な知名度とシェアを誇る。店舗名は「ユザワヤ」。
イオンリテール	「パンドラハウス」という名称の手芸専門店を全国のイオン内に展開。店舗数は約380店。
小野	関東・関西・中四国地区で大型手芸専門店「ドリーム」を約80店。実質借金ゼロの堅実経営。
〈ウェアラブル製品〉	
イノフィス	東京理科大学発のベンチャー企業。腰の動きを補助するマッスルスーツを開発販売。
菊池製作所	イノフィスに出資。試作品や金型を製作しているほか、ドローンの受託生産も行っている。
ニッカリ	農業機械製造で創業。2014年に和歌山大学と共同でパワーアシストスーツを開発。非上場。
メルティンMMI	電気通信大学から生まれたベンチャー企業。人の手と同じように動く義手を開発中。
ジンズ	疲労度をチェックする眼鏡型ウェアラブル端末を開発。データをもとに労務管理ができる。
セコム	リストバンド型端末「セコム・マイドクターウォッチ」を開発。端末が高齢者の異常を検知。
象印	「みまもりほっとライン」サービスでは電気ポットの使用状況から高齢者の安否を確認する。
アキレス	運動靴メーカー。ツクイ、加藤電機と徘徊認知症患者を発見するシステムを共同開発。
ツクイ	介護サービス。アキレス、加藤電機と徘徊認知症患者を発見するシステムを共同開発。
加藤電機	セキュリティ機器メーカー。アキレス、ツクイと徘徊認知症患者を発見するシステムを共同開発。

田宮寛之
1963年、東京都生まれ。87年、明治大学経営学部卒業。ラジオたんぱ(現・ラジオNIKKEI)入社。東証記者クラブで金融マーケット取材を担当。93年、東洋経済新報社入社。多岐にわたる業界取材を担当し、『週刊東洋経済』『会社四季報』『就職四季報』に執筆。2009年、就職・採用・人事情報を配信する「東洋経済HRオンライン」を立ち上げ編集長に。『週刊東洋経済　就活臨時増刊号』編集長も務め、14年からは『就職四季報プラスワン』編集長も兼務。現在は編集局メディア編集委員。主な著書に、『転職したけりゃ「四季報」のココを読みなさい！』(徳間書店)、『親子で勝つ就活』(東洋経済新報社)などのほか、ベストセラーとなった『みんなが知らない超優良企業』(講談社＋α新書)がある。

講談社＋α《プラスアルファ》新書　728-2 C
業界地図の見方が変わる！
無名《むめい》でもすごい超優良《ちょうゆうりょう》企《き》業《ぎょう》
田《た》宮《みや》寛《ひろ》之《ゆき》
2017年5月18日第1刷発行

発行者――――鈴木 哲
発行所――――株式会社 講談社
東京都文京区音羽2-12-21 〒112-8001
電話 編集(03)5395-3522
販売(03)5395-4415
業務(03)5395-3615
デザイン――――鈴木成一デザイン室
カバー印刷――――共同印刷株式会社
印刷――――慶昌堂印刷株式会社
製本――――株式会社若林製本工場
本文データ制作――――朝日メディアインターナショナル株式会社

定価はカバーに表示してあります。

落丁本・乱丁本は購入書店名を明記のうえ、小社業務あてにお送りください。

送料は小社負担にてお取り替えします。

なお、この本の内容についてのお問い合わせは第一事業局企画部「＋α新書」あてにお願いいたします。

Printed in Japan
ISBN978-4-06-272983-3

講談社＋α新書

力を引き出す　「ゆとり世代」の伸ばし方
原晋　原田曜平
青学陸上部を強豪校に育てあげた名将と、若者研究の第一人者が語るゆとり世代を育てる技術
800円 750-1 C

台湾で見つけた、日本人が忘れた「日本」
村串栄一
激動する〝国〟台湾には、日本人が忘れた歴史がいまも息づいていた。読めば行きたくなるルポ
840円 751-1 C

世界一の会議　ダボス会議の秘密
齋藤ウィリアム浩幸
なぜダボス会議は世界中から注目されるのか？ダボスから見えてくる世界の潮流と緊急課題
840円 752-1 C

欧州危機と反グローバリズム　破綻と分断の現場を歩く
星野眞三雄
英国ＥＵ離脱とトランプ現象に共通するものは何か？　ＥＵ26ヵ国を取材した記者の緊急報告
860円 753-1 C

儒教に支配された中国人と韓国人の悲劇
ケント・ギルバート
「私はアメリカ人だから断言できる!!　日本人と中国・韓国人は全くの別物だ」――警告の書
840円 754-1 C

日本人だけが知らない砂漠のグローバル大国ＵＡＥ
加茂佳彦
なぜ世界のビジネスマン、投資家、技術者はＵＡＥに向かうのか？　答えはオイルマネー以外にあった！
840円 756-1 C

金正恩の核が北朝鮮を滅ぼす日
牧野愛博
格段に上がった脅威レベル、荒廃する社会。危険過ぎる隣人を裸にする、ソウル支局長の報告
860円 757-1 C

「ミヤネ屋」の秘密　大阪発の報道番組が全国人気になった理由
春川正明
なぜ、関西ローカルの報道番組が全国区人気になったのか。その躍進の秘訣を明らかにする
840円 759-1 C

一生モノの英語力を身につけるたったひとつの学習法
澤井康佑
「英語の達人」たちもこの道を通ってきた。読解から作文、会話まで。鉄板の学習法を紹介
840円 760-1 C

茨城vs.群馬　北関東死闘編
全国都道府県調査隊 編
都道府県魅力度調査で毎年、熾烈な最下位争いを繰りひろげてきた両者がついに激突する！
780円 761-1 C

ポピュリズムと欧州動乱　フランスはＥＵ崩壊の引き金を引くのか
国末憲人
ポピュリズムの行方とは。反ＥＵとロシアとの連携。ルペンの台頭が示すフランスと欧州の変質
860円 763-1 C

表示価格はすべて本体価格（税別）です。本体価格は変更することがあります